THROUGH
ACTION COACHING
THE EMPLOYEE SHALL REBORN
AS WARRIORS

行动教练

把员工
带成干将

季益祥 —————— 著

机械工业出版社
CHINA MACHINE PRESS

图书在版编目（CIP）数据

行动教练：把员工带成干将 / 季益祥著 . —北京：机械工业出版社，2019.9（2023.6
重印）

ISBN 978-7-111-63613-7

I. 行…　II. 季…　III. 企业管理　IV. F272

中国版本图书馆 CIP 数据核字（2019）第 195491 号

　　本书对西方的专业教练进行了深入细致的研究，提供了一套教练式对话的技术和工具，融入大量企业实战案例、现场情境模拟，帮助企业做到管理行为落地、组织绩效提升，最终形成行动教练的体系。

　　行动教练是专注于行为改变的企业教练，以成果为导向，帮助管理者解决企业经营中的实际问题，同时为企业提供了一套可复制的管理工具和方法，持续支持企业激发团队潜能。

行动教练：把员工带成干将

出版发行：机械工业出版社（北京市西城区百万庄大街 22 号　邮政编码：100037）	
责任编辑：李晓敏	责任校对：殷　虹
印　　刷：三河市宏达印刷有限公司	版　　次：2023 年 6 月第 1 版第 10 次印刷
开　　本：170mm×230mm　1/16	印　　张：11
书　　号：ISBN 978-7-111-63613-7	定　　价：79.00 元

客服电话：(010) 88361066　68326294

让每一位管理者成为教练型领导者

彼得·德鲁克在《21世纪的管理挑战》一书中指出：20世纪管理学的最伟大贡献是将行业工人的生产力提高了50倍，而21世纪管理学的挑战则是如何将知识员工的生产力提高50倍。要达成德鲁克提出的这一目标，必须充分挖掘个人和组织的创造潜能，实现最大化的绩效。

教练技术是顺应了知识经济时代对领导力的召唤而发展起来的一门新兴的个人和组织潜能开发技术，它集积极心理学、神经科学和领导力研究之大成，聚焦行为改变和绩效提升，帮助人们释放潜能并实现最大化的产出。

近年来教练技术（Coaching）成为中国培训界最热门的方法论之一。众多的知名企业、培训机构（包括高等院校）都在应用教练技术助力学习辅导及项目落地，越来越多的培训师在学习和践行教练的理念、思维和方法，同时，企业的中高层管理者也都希望运用教练技术实现个性化的领导力突破。

在搜索引擎上搜索"企业教练"有500多万个词条，面对如此海量复杂的教练技术理论和方法论体系，如何选择适合自己企业的教练技术就显得尤为重要。我一直强调培训追求"刚刚好"的原则，学太多的话，掌握不了就无法转化，学太少的话，感觉投入产出不匹配。而"行动教练"就符合"刚刚好"的原则，简单、实用，而且有效。

行动教练是在《培训》杂志的陪伴下成长起来的本土化企业教练品牌，季益祥老师一直专注于教练技术的本土化研究和实践，取得了丰硕的成果。行动教练课程已经迭代了14次，并在多家全球500强及中国500强企业落地生根。

今天全面介绍"行动教练"课程的图书终于出版了，这不是一本复杂的、晦涩难懂的教练技术的书，而是一本非常简单、有趣并且有效的书。本书体现了季益祥老师对教练的理解和亲身实践，是中国教练的本土化经验集成，更适合中国企业管理者及从业者学习。本书提供了大量高质量的、有效的教练工具以及真实的教练案例，帮助读者理解和实践，书中的大量故事、教练演示及互动的练习可以帮助你体验教练的独特魅力。如果你遇到任何与书中案例场景相关的问题，你都可以将书中所学应用到自己身上，必定效果显著。

我希望大家从这本非常实用的书中获益，也希望每一位管理者成为教练型领导者。

朱伟正

《培训》杂志主编

FOREWORD 2
推荐序二

　　根据美国管理协会《教练：成功实践的全球研究，当前的趋势和未来的可能性》（2008—2018）报告，超过一半的公司已经在应用教练辅导，其中北美公司的应用比例为 52%，国际其他地区公司的应用比例为 55%。国际教练协会对接受教练服务的客户进行调查发现，57% 的管理者认为改善了团队运作效率，56% 的管理者认为提高了员工敬业度，51% 的管理者认为员工生产力得到了提升，36% 的管理者认为他们的领导力提升得更快了，31% 的人认为员工的幸福感提升了，22% 的人认为客户满意度提升了，9% 的人认为整体销售实现了增长。

　　教练帮助人们从更广阔的视角来思考自己和组织的目标，感受到被重视和被授权，从而成为公司的竞争优势。这种方法在过去的 40 多年里已经被证明能够有效提升个人的能力及组织的绩效。

　　企业教练在管理领域是一种十分有效的管理工具，可以在一个非压力的环境下，利用提出一系列启发引导式的问题而非给予直接建议的方式来帮助被指导者释放潜能，达成目标。

　　认识季益祥老师已有多年，正是通过他，我开始接触行动教练这个崭新的管理工具。我认为，作为管理者，管理能力是一个永恒的话题，可以通过与员工进行绩效沟通、工作指导、关心关爱、鼓励肯定等来提升自己的管理能力。成为一名教练型领导者无疑对提升管理能力有很大的帮助。

季老师不遗余力地探索和推广行动教练，才使得行动教练不断地得到国内市场的认可，越来越多的企业开始引进并实施教练项目，培养人才，提升组织能力。

今天，行动教练走进越来越多的企业，季老师精心打磨的教练指导书终于出版了。可以说，这本书是中国企业教练领域的实践指南，其简单、实用、有效的工具和方法一定会让中国企业的管理者受益匪浅。

我推荐大家阅读学习本书，也期待每一位管理者都能成为教练型领导者。

宋翰乙

中国工商银行企业文化部总经理

　　我和季益祥老师相识 5 年多了，在很多项目上都有合作。我知道他一直致力于将教练技术和企业管理相结合，因此一直在关注他，因为我们有同样的目标——探索管理效能的最大化。

　　我一拿到这本书的初稿，就被标题"把员工带成干将"所吸引。这可以说是每个企业管理者的梦想。我们都希望能培养员工，发挥他们的特长，把他们培养成干将。但是如何做到呢？带着这样的疑问，我把这本书读完了，然后又意犹未尽地读了很多遍，才静下心写下这几段文字，和大家分享我的感受。

　　"教练"是大家非常熟悉的字眼，但是"行动教练"是季益祥教练独创的。在本书中，他对教练的前世今生用非常通俗易懂的语言进行了描述，并且详细地说明了"行动教练"的特色，以及与"行动学习"的不同等。这本书的好处在于，它没有讲深奥的道理，也没有讲高妙的方法，而是用平实的语言对"行动教练"的三大核心能力——深度倾听、有力提问和有效反馈的定义及相关的工具逐一说明，并辅以相关案例，目的是让读者深入了解教练的理念，并且能够具体应用到现实生活和工作中。

  "教练"诞生于西方，以提问却不给答案的方式来启发管理者心智。这种方式对于中国企业的管理者，尤其是对管理体系了解不够的管理者来说，起到的作用很小。而这本书将"西方的教练方式"与"东方的学徒方式"相结合，以解决管理问题为目标，以启发员工心智为导向，使倾听、提问、反馈形成有效的闭环。

  本书是一本非常实用的工具书，里面提供了简洁有效的工具表单，帮助管理者实现与员工、上级和同级的高效沟通，从而进一步帮助员工成为干将。我非常希望本书可以做成微课和软件工具，让更多的管理者受益。

  教练的目标就是帮助他人成长，希望我们每个人都能够通过成就他人来成就自己。

丁捷（想成为教练的人）

云学堂联合创始人、总裁

PREFACE
序言

互联网和人工智能时代的来临，加快了全球发展的速度，企业也因此面临着前所未有的挑战。而企业中的管理者，也需要打起十二分的精神来应对复杂多变的外界环境，以及充满各种不确定性和可能性的内部管理。

我发现很多管理者的付出和回报是不成正比的。作为一名教练和讲师，我看到很多管理者用了几乎所有能想到的方法来管理员工，但是收效甚微，问题依然存在：团队绩效难以达标、员工积极性不高、团队氛围消极、和员工的关系紧张、没时间处理重要的事情、员工得不到成长、手下没有得力干将……每个问题单拿出来，都压得管理者喘不过气来。

虽然我很同情这些管理者，但我想说的是，之所以会出现这些问题，根本原因还是出在管理者自己身上。因为管理者常常认为自己无所不能、无所不知，所以有能力、有义务帮助员工解决一切困难。这样做的结果是，员工越来越依赖管理者。而当员工没有事情做时，就不能在工作中获得成就感，一旦员工没有了成就感来源，积极性不高，团队氛围消极也就不是什么奇怪的事了。

　　写了这么多并不是为了对管理者落井下石，而是想告诉备受管理难题煎熬的管理者，你们遇到的这些问题，行动教练可以帮你们解决。在介绍行动教练之前，你需要先了解什么是教练。教练这个词语既可以当成名词来用，也可以当成动词来用，为了方便区分，我们用英文单词Coach来区分。美国职业与个人教练协会（ACA）把教练（Coaching）定义为一种动态关系，它意在从客户自身的角度和目的出发，由专人教授他们采取行动的步骤和实现目标的方法，做这种指导的人就是教练（Coaches）。简而言之，教练就是以技术反映学员的心态，激发学员的潜能，帮助学员及时调整到最佳状态去创造成果的人。而行动教练[⊖]对教练的定义是："教练是运用对话技术支持个人实现组织目标的协作过程。"

　　我第一次知道教练是在 2000 年，当时我在一家知名的世界 500 强公司担任部门负责人。这家公司会定期为管理层安排各种各样的课程和培训，当时就有一门课程是有关教练的。听完那门课程之后，我感觉自己打开了一个新世界的大门，对管理、对人生都有了新的认识。于是接下来的时间里，我学习了很多全球知名的教练课程。在学习的过程中我发现，几乎所有的课程都是用来培养专业教练的，并不适用于企业，这对花费大价钱购买课程的企业来说并不友好。于是我根据企业的需求，和一群志同道合的伙伴，结合所学知识，研发出了能够帮助管理者的、在日常工作中就能使用的教练技术——行动教练。

　　行动教练是一门版权课程，是国际行动教练协会（WIAC）认证的并以西方管理体系精髓为基础、适合中国企业管理者的教练培训课程。行动教练®版权课程通过大量企业实战案例、现场情景模拟，解决企业不同维度的问题，帮助企业做到管理行为落地、组织绩效提升。行动教练®版权课程因其简单、实用及有效的特性，已成为中国影响最大的企业教练培训课程之一。截至 2019 年 6 月，行动教练已经有超过 300 位认证

⊖　一门版权课程，下文会详细介绍。

讲师，为上千家企业做过培训，帮助上万名管理者解决了管理难题，更有数以十万计的员工因行动教练而受益。

但我认为行动教练做的还不够，因为时间、地点和精力的限制，行动教练能传播的范围有限。相比全国上千万的职场人士来说，得益于行动教练的人还是太少了，所以我们一直在寻找一个能让更多人了解教练、学习教练的方式。于是在 2019 年年初，我们决定出版一本书，想通过书籍的方式，把所有关于行动教练的知识传递给大家。经过大半年的编辑和整理，这本书也终于要和大家见面了。

这本书总共分为 3 个部分，共 7 章。第一部分是前两章，主要向大家介绍什么是教练，以及想成为教练型管理者必须修炼的内功心法。第二部分是第三章到第五章，这一部分讲的是想成为教练型管理者，需要从倾听、提问和反馈三个方面来做出行为的改变。第三部分是第六章和第七章，讲的是在教练领域常用的工具和方法，以及行动教练在企业中的一些实践案例。附录中列出了在教练过程中会使用的一些图表，它们可以帮助你在最开始还不熟练的时候，更好地按照方法和流程来。当你已经熟练地掌握了教练技术和教练流程时，就可以自由发挥了。

这本书比较适合管理者和 HR 阅读，他们也是我们的课程中最常出现的两类学员。适合管理者阅读就不多说了，因为这本书主要是帮助管理者更好地管理下属。为什么适合 HR 阅读呢？这是因为行动教练可以帮助企业培养干将型的员工，这也刚好是 HR 的重要工作内容之一。所以，如果你是一名人力资源工作者，请千万不要错过这本书。

你可以把这本书当成一本教练普惠类型的书，也可以把它当成一本工具书，这取决于你的阅读方式。你可以选择通读全书，建立比较系统的认知，也可以先从你自己薄弱的环节开始阅读学习，当成你在管理过程中的行为指南。

虽然整本书已经修改了很多遍，但难免还有不足之处，希望大家在阅读的过程中，多多提出宝贵的意见。感谢在我授课和写作过程中，一直默默陪在我身边的家人，因为有你们的支持与帮助，我才能在教练的道路上越走越远。我还要感谢我的工作伙伴，感谢你们十几年如一日地努力和拼搏，让行动教练取得了今天的成果。感谢我们的同事孟璐璐对文字所做的整理与推敲工作，感谢我们的插画师孙瑞晓绘制了本书的所有插图。

最后，希望每位阅读完本书的人，都能成为一名教练型的管理者。

季益祥

更深入学习行动教练
请关注订阅号

CONTENTS
目录

附录

实践表格　/ 153

CHAPTER 1
第一章

教练的前世今生

　　"教练"对一些人来说并不是一个陌生的词，但是目前其实还是有很多人并不清楚教练是干什么的。健身教练？体育教练？不是的，我们要说的教练是企业教练。相信阅读完这一章，你就会对"教练"这个词有更充分的了解了。

谷歌高层员工的成功关键

如果给 21 世纪的管理提炼一个关键词，那么我认为这个关键词应该是教练。因为在世界 500 强企业中，有近 70% 的企业在运用教练技术。被誉为全球第一 CEO 和全世界最伟大的领导者之一的美国通用电气公司前任 CEO 杰克·韦尔奇也认为，教练在管理中非常重要。他曾在参加一个对话节目时被问道：取得这么多伟大成就的法宝是什么？杰克·韦尔奇不假思索地说道："伟大的 CEO 就是伟大的教练，这一切都来源于教练式的管理风格。"

相比他获得的诸多伟大成就，他的成功法宝是如此简单。不只是一些管理者，很多企业也认为教练在管理中有着非常重要的意义，并把教练放入了组织管理流程中，比如谷歌。在 2013 年的时候，谷歌开始测试它的招聘数据。它研究了自 1998 年公司建立以来积累的所有招聘、解雇和晋升数据，这一研究项目被称为"氧气计划"。它针对公司的 1 万多名员工进行了访谈和问卷调查，想知道员工认为什么样的经理人才算是一个好的经理人。经过大量的数据分析、访谈和建模，谷歌得到了 8 个指标，之后谷歌就把这 8 个指标作为对经理人每年的考核与评价的核心标准。这 8 项指标分别是：

1. 做一名好教练；
2. 提升团队实力，权力下放，不事必躬亲；
3. 关注员工的成功和幸福；
4. 注重效率，以结果为导向；
5. 善于沟通，善于倾听团队意见；
6. 帮助员工进行职业规划；
7. 团队目标明确，战略清晰；
8. 掌握关键技术技能（4 项学科专长），能给团队提供建议。

　　"氧气计划"的结论令人震惊，因为谷歌高层员工的 8 个最重要的特质当中，美国人认为对于就业来讲最重要的 4 项学科专长 STEM（Science科学、Technology 技术、Engineering 工程和 Mathematics 数学）被排到了最后，而前面 7 个特质全部都是软技能。测试发现，成为一名拥有技术专长的技术型专家，专业技能排在了最后一位，而排在第一位的是能够成为一名好教练。

　　"氧气计划"的结论不仅震惊了谷歌公司，更是颠覆了人们对管理者应该具备的技能的认知。如果以技术为傲的谷歌公司在管理方面都把教练等软技能放在前面，普通管理者就不得不开始重视教练技能，尤其是在 AI 智能时代下，随时都有被人工智能所替代的风险。所以，无论你是想成为一名优秀的管理者，还是想在大公司里获得一席之地，或者是想以主动的姿态迎接人工智能时代的全面来临，教练都是你应该重视并且认真学习的技能。

教练，提高管理效率的秘密武器

　　提到教练，你首先会想到什么？很多人会说篮球教练、网球教练、乒乓球教练等。一个运动员能否拿到冠军，很大程度上和他的教练有关。"教练"一词是由英文单词"Coach"翻译而来的，而说到"Coach"，有些人的第一反应是一个包包品牌。这个品牌的包上有一个非常醒目的标志——一辆马车。15 世纪 70 年代，来自匈牙利考克斯地区的四轮大马车，就叫作 Coach。

　　最早的马车是为贵族服务的，一辆马车里只坐一个人，由车夫来赶车。一辆马车去哪里由谁来决定呢？我们经常能得到很多不同的答案：有人说是由车夫决定，因为车是由车夫控制的；有人会说由马决定，因为想去哪里都离不开马；也有人说由乘客决定，因为目的地是由他来决定的。这些说法都有道理，但是细想一下就会清楚，马车去哪里，其实是由坐在车上的那个人决定的，不论他是马车的主人，还是主人的客人。思考这个问题其实就是在思考马车的功能是什么，马车的功能就是一对一的，以客户想要的道路和速度，最终把客户带到目的地。

四轮大马车

到了 19 世纪 40 年代，Coach 开始被用来喻指"私人教师"。到了 19 世纪 70 年代，Coach 又被延伸为"教练"，当用作动词时则表示"辅导"。

教练在企业管理领域的最初定义来自美国著名的网球教练提摩西·加尔韦："Coaching 是在一个非压力的环境下，利用一系列引导性的问题而非给予直接的建议与指导的方式来帮助当事人分析和解决他们所面临的问题的行为。"

ICF（国际教练联合会）对教练的定义：Coaching 是教练（Coach）与被指导者（Coachee）在深层次的信念、价值观和愿景方面相互联结的一种协作伙伴关系。只有当一方迫切需要进步和发展，另一方也希望帮助对方去实现这个目标时，才能建立起一种卓有成效的教练关系。

行动教练对教练的定义："教练是运用对话技术支持个人实现组织目标的协作过程。"为了帮助大家更好地理解什么是教练，我们来看两个现实中发生的场景。

◇ **非教练式对话**

员工："李总，我想向您汇报一下有关行动教练的项目。"

李总："嗯，进展顺利吗？"

员工："整体来说还是比较顺利的，不过现在出了一点儿小问题。"

李总："出什么问题了？"

员工："还是那个第三小组，他们现在不太愿意参加这个项目。"

李总："啊，你之前不是说没问题吗？"

员工："是这样的李总，他们之前也没有说……"

李总："这个项目是不是你负责的？"

员工："是的……"

李总："这个项目的重要性你不是不知道，我跟你强调过很多遍了，现在又出状况了，你过来找我是什么意思？你要带着对策来啊！"

员工："对不起，李总……"

李总："对不起，说对不起能解决问题吗？看来又得我亲自出马了。"

员工："那只能麻烦您了，谢谢李总。"

上面这段对话是典型的非教练式对话，在对话过程中下属非常紧张，好像做错事的孩子，当管理者把包袱接走之后，下属就有一种任务完成的感觉。在整个过程中，下属始终没有自主思考的机会。当然，遇到爱教训下属的管理者，沉默就是最低的成本。但从管理者的感受来说，下属说话支支吾吾的，项目状况百出，根本没有能力来解决这个问题，以至于他要亲自出马。所以这样的对话过程中，下属和管理者的感受都不好。这里有几个问题需要你思考一下：

◆ 谁的话特别多？

◆ 谁在负责思考？

◆ 接下来谁会采取行动？

◆　他们的对话有什么特点？

◆　对话里的提问有什么特点？

◆　对话结束后，下属会怎么做？管理者又会怎么做？

　　如果一名管理者能够教练他的下属，让下属承担更多的责任，让自己可以摆脱救火的工作，这样管理者不仅有更多的时间教练下属，还可以把精力集中到他应该去解决的重要问题上。下面我们来看一下教练式管理者是怎么和下属对话的。

◇ **教练式对话**

员工："王总，我想向您汇报一下有关行动教练的项目。"

王总："嗯，进展怎么样了？"

员工："整体来说还是比较顺利的，不过现在出了一点儿小问题。"

王总："出什么问题了？"

员工："还是那个第三小组，他们现在不太愿意参加这个项目。"

王总："不太愿意？"

员工："是的，他们好像不太愿意参加这次的项目。"

王总："那你接下来打算怎么做呢？"

员工："说实话我还真不清楚应该怎么做。"

王总："那你觉得这件事最理想的结果是什么呢？"

员工："最理想的结果当然是第三小组能够转变态度，可以积极地参与到这次的项目中来，因为这个项目确实对员工们很有帮助。"

王总："好，那为了达到这样的结果，你觉得你能做些什么呢？"

员工："我觉得我可以直接找第三小组的负责人聊聊，看看他对这次的项目有什么建议或意见。"

王总："很好，那就先聊聊看吧。"

员工："好的，谢谢王总。"

和之前的非教练式对话相比，假如你是管理者，你希望拥有哪个对话中的员工？相信大部分人会选择后面这名员工。但是事实上，员工的问题都是一样的，不一样的是管理者的回应方式，从教训型转变成了教练型，由命令批评转变为引导启发，所以员工的潜能被激发出来了，能力也得到了提升。

提问的方式不同，得到的结果也截然不同。在非教练式对话当中，上司非常辛苦，需要自己想办法，自己行动。这也是大多数管理者普遍存在的问题：越俎代庖，代替员工思考，代替员工解决问题，最后管理者越来越辛苦，员工没有任何成长。

传统管理者较多地使用过去导向的思维和管理模式，就是通过追溯过去产生错误的原因来证明自己很聪明、自己永远是对的，这是一些管理者产生优越感的来源。

教练型管理者使用的则是未来导向的思维和管理模式。在教练式对话模式中，员工说的比较多，因为管理者在引导员工找答案，员工自己找到答案后，就会非常积极地去推动这件事，他们忙得不亦乐乎就会有更强的存在感和价值感。久而久之，员工解决问题的能力也提高了。

对比上面两段对话，填写下面的表格。

非教练式对话 vs 教练式对话

区分	非教练式对话	教练式对话
对话风格/氛围		
上司对下属的信任		
提问的特点		
谁的话多		
谁去找答案		
谁去行动		
未来上下级的关系		
下属的成长/发展		

教练与培训师、顾问和导师的区别

市面上有很多和教练类似的角色，为了方便大家理解和区分，我们来对比一下教练和其他类似角色的区别。

教练与培训师的区别

很多人认为教练就是培训师，其实不然，他们之间有很大的区别。前面我们说过教练是由 Coaching 一次翻译而来，而培训一词则是由英文单词 Training 翻译而来的。当把 Training 后面的 ing 去掉就变成了 Train，也就是我们熟知的火车。火车的功能是把一批人带到离他们目的地最近的火车站，与马车相比，火车是为一群人服务的，决定火车去哪里的是车头和轨道。火车可以承载更多人，但是并不能直接带你到目的地。培训师的功能和火车类似，培训师可以一次让很多人学习某种知识或技能。但是如果想要用学到的知识解决具体的问题，光靠培训师是不够的，还需要自己多加练习和实践，或者寻求教练的帮助。

培训师和教练的角色都非常重要，但他们的定位不同。培训师的定位是展现自己的专业素养，通常大家在接受过培训后，会觉得"这个讲师真棒"。但是当和教练沟通后，你会发自内心地说："我真棒！"教练和培训师最大的不同是，教练的工作是成就他人，让他人有更多的成就感和满足感，让他人感受到：我的存在是非常有价值的。

在企业中，管理者要同时承担起培训师和教练的角色。首先，管理者需要在工作中承担起培训师的角色，对员工进行经验和知识的传递，让员工掌握工作技能。其次，管理者需要在必要的时候对员工进行一对一的教练辅导，让员工真正独立地解决问题。员工有了经验和知识，以及独立解决问题的能力，才能真正得到成长，进而推动企业的成长与发展。

欧洲《公共人事管理》杂志专门研究过培训和教练辅导对提升绩效的影响。它对一组职业经理人进行了一次针对性很强的绩效培训，培训结束后数据显示，这组经理人的绩效提高了22%，但是从长远来看效果是递减的，绩效最终又回到了最初水平。另外一组职业经理人也参加了这次培训，培训结束之后又被以教练的方式进行了一对一的指导和跟进。最后的结果显示，绩效提高了88%，是没有进行教练辅导的培训效果的4倍。

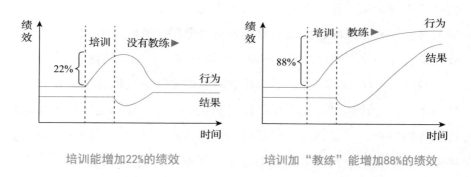

培训能增加22%的绩效　　　　　　培训加"教练"能增加88%的绩效

将培训与教练辅导相结合，这样的方式等同于扶上马还要送一程，这就是教练的价值。管理者在工作中不仅要做好知识和技能培训师的角色，也要做好教练的角色，这样才能更好地提高员工的绩效。

教练与顾问和导师的区别

很多人不清楚教练与顾问和导师的区别，我们通过对比不同的职业是如何对待同一个任务的来更好地理解教练与其他职业的不同。假如你是一名新晋管理者，你想要提升自己的管理能力，我们来看看顾问、导师和教练，分别会以什么样的方法来帮助你。

顾问是一个职位，泛指在某件事情的认知上达到专家程度的人，他们可以提供顾问服务。顾问提供的意见以独立、中立为首要。顾问研究并精通管理学原理，他也许会送给你一套管理学经典著作，并和你分享管理学的发展历程、管理的本质、核心内容以及作为一名新晋的管理者需要注意什么。顾问甚至会建议你通过培训项目来提升你的管理能力，一旦任务完成顾问就会离开。顾问是某一方面的专家，他可能非常懂专业知识，但未必懂你。

导师具有知识和智慧，导师会与你分享他的管理经验和他已经发现的最有效的管理方法。导师会为你树立他们心中合格管理者的榜样，教你一些管理策略，比如如何快速激发员工的积极性、如何提高自己的影响力等。导师会提醒你可能会遇到的管理陷阱，并告诉你如何避免。导师通常会有一种"我知道的比你多，所以你要听我的"的观念。

教练会聆听你想成为一名合格管理者的愿望，询问你需要得到什么样的指导，并让你思考从哪里可以得到这些指导。教练会问你想要达到什么样的目标，并支持你找到适合自己的方法，让你能够独立承担起管理的职责。在这个过程中教练会持续陪伴着你，当你遇到挑战时，教练会帮助你探索该如何进行突破。当你取得成果时，教练会引导你复盘成功的经验。教练像一面镜子一样给予你及时的反馈，让你看到自己的表现并进行调整。

通过解决相同的问题可以看出，这些看似相似的角色其实有着明显的差异：顾问解决现实问题，导师把他的经验传授给你，而教练则引导和帮助你自己解决问题。

企业教练的起源与发展

关于企业教练的起源，有一个广为流传且颇有传奇色彩的故事，故事的主角是一个叫提摩西·加尔韦（Timothy Gallwey）的美国人，是他率先将教练技术引入企业。

　　提摩西·加尔韦毕业于哈佛大学，曾服役于美国海军陆战队，退役后成为一名网球教练。他在 1974 年出版的书籍《身心合一的奇迹力量》中论述道：运动员在球场上要与两个对手对抗，一个是外在对手，另一个是自己内心的对手，只有战胜这个内心的对手，运动员的潜力才最大限度地得以发挥。[一]而教练就是支持运动员克服障碍、挖掘潜力、赢得冠军奖杯的人。

　　1975 年，提摩西·加尔韦声称，他可以教一个从来没打过网球的人在 20 分钟内学会打网球。美国 ABC 电视台为此专门找了一位不怎么运动的中年女士出场，并进行现场直播。提摩西·加尔韦告诉这位女士，要把关注点放到如何把球打到对方的场地上，像玩游戏一样娱乐一下，不要在意自己没有经验以及动作不标准。20 分钟过去了，虽然这位女士并不熟练，但她确实学会了打球和发球。人们问提摩西·加尔韦是如何做到的，他说他仅仅是打消了这位女士认为自己不会打网球的内心顾虑而已。

　　随后，AT&T 公司[二]邀请提摩西·加尔韦为公司的高管讲授如何为运动员创造环境、打消内心顾虑、提升运动成绩。但台下的高管们密密麻麻的笔记中，记录的却是如何把这种心理调适方法应用到企业管理中，以提升组织效率。就这样，一种崭新的管理技术——企业教练诞生了。教练技术随着被 AT&T、IBM、通用电气、福特、丰田等巨型企业引入而迅速风靡欧美，提摩西·加尔韦的声誉日隆，被誉为企业教练的先驱。后来提摩西·加尔韦创办了一家教练服务公司，叫作 The Inner Game（内在游戏），现任该公司的总裁。

　　企业教练从体育教练演变而来，体育教练身上的 4 个特质特别值得管理者学习。

　　㊀　加尔韦. 身心合一的奇迹力量 [M]. 于娟娟，译. 北京：华夏出版社，2013.
　　㊁　AT&T 公司是美国最大的固网电话服务供应商及第一大移动电话服务供应商。

◆ 特质一：成果导向。运动员比赛的目标就是夺得冠军，对于管理者来说，目标就是要拿到最高的绩效，所以在管理的过程中，也要以结果为导向。

◆ 特质二：成就他人。体育比赛中登台领奖的是运动员而不是教练。同样，优秀的管理者应该成就员工，因为员工成功了，管理者才算得上成功。

◆ 特质三：提高他人的专业能力，激发他人的潜能。体育教练最重要的任务是帮助运动员提升专业能力。管理者也是同样的，不要和员工比拼专业能力，而要去激发员工的潜能。

◆ 特质四：不越俎代庖。没有教练会替运动员上场比赛，因为上场比赛不是他的职责。但是在企业管理中，管理者亲自冲到企业生产运营前线的现象非常多，这是因为他们没有理解管理的本质，他们的任务是让员工完成自己的工作。

除了这 4 个特质，体育教练由内而外的教练思维也值得管理者学习。如果运动员没有拿到奖杯，教练就会被惩罚，因为教练没有尽到自己的责任。但是在企业管理中，在绩效不佳需要裁员时是员工被辞退。管理者一定要树立一种由内而外的思维模式：先从自己的角度思考，还有哪些是需要自己提升的，多从自己身上找原因。

提摩西·加尔韦创建的教练服务公司 The Inner Game（内在游戏）为日后的教练行业培养了不少的人才，其中最有名的两位是约翰·惠特默和艾伦·范恩。他们俩都是网球教练出身，是提摩西·加尔韦的学生及员工。在 1992 年，艾伦·范恩、约翰·惠特默和格雷厄姆·亚历山大三人一起开发了 GROW 教练模型。GROW 教练模型现已成为企业教练领域使用最广泛的对话模型之一。

约翰·惠特默后来创建了国际绩效咨询（Performance Consultants）

公司，并出版了《高绩效教练》[○]一书。《高绩效教练》这本书以 GROW 教练模型为教练逻辑，引用职场及运动场上的例子，阐述了教练的理念和技巧。

艾伦·范恩后来创建了由内而外发展（InsideOut Development）公司，并出版了《潜力量：GROW 教练模型帮你激发潜能》[○]一书。由内而外发展公司是一家专业服务机构，为大型全球客户提供领导力、企业管理和一些员工培训服务，高管教练服务，团队绩效工作坊以及组织咨询服务。由内而外发展公司被公认为发展"经理即教练"技巧领域的领导者，每年都有成千上万的学员把由艾伦·范恩和其研发团队开发的 GROW 教练模型和其他创新型教练工具应用于生活和工作中。

◆ **小结**

1. 教练的定义

ICF（国际教练联合会）对教练的定义：Coaching 是教练（Coach）与被指导者（Coachee）在深层次的信念、价值观和愿景方面相互联结的一种协作伙伴关系。只有当一方迫切需要进步和发展，另一方也希望帮助对方去实现这个目标时，才能建立起一种卓有成效的教练关系。

行动教练对教练的定义："教练是运用对话技术支持个人实现组织目标的协作过程。"

2. 教练和培训师的区别

培训师的定位是展现自己的专业素养，通常大家在接受过培训后，会觉得"这个讲师真棒"。但是当和教练沟通后，你会发自内心

○　此书中文版已由机械工业出版社于 2018 年 12 月出版。
○　此书中文版已由机械工业出版社于 2015 年 8 月出版。

地说："我真棒！"教练和培训师最大的不同是，教练的工作是成就他人，让他人有更多的成就感和满足感，让他人感受到：我的存在是非常有价值的。

3. 教练和顾问、导师的区别

顾问是某一方面的专家，他可能非常懂专业知识，但未必懂你。导师通常会有一种"我知道的比你多，所以你要听我的"的观念。教练像一面镜子一样给你及时的反馈，让你看到自己的表现并进行调整。

行动教练，激发员工潜能

从 2005 年开始，越来越多的西方专业教练开始进入中国，这些专业教练的服务对象多为企业高管、高端的自由职业者，涉及改变的领域多为价值观和思维层面，以人生规划、自我觉醒、平衡生活为切入点，深刻影响了一批批参训学员。

提高组织绩效的行动教练

教练技术进入中国后，掀起了一波学习教练的热潮。而当教练技术的受益者迫不及待将所学技术带到企业中的时候，挑战出现了。

首先，企业希望通过教练技术改善管理行为而不是颠覆个人的价值观和思维模式。一个人的价值观和思维模式一旦发生了巨大的改变，那他对待工作的意愿和动机也会随之改变，很多人甚至选择离职去从事自由职业。我周围就有很多朋友在研修了众多专业教练或身心灵教练课程后，毅然辞去了企业高管职务，潜心进行修炼或从事一些公益活动。所以对于企业来说，这样的教练技术是有风险的。

其次，企业希望通过教练技术实现组织目标而不是人生梦想，尽管每一个教练学派都宣传自己是结果导向的教练技术，但在一对一教练过程中，很多专业教练会脱离工作情境，支持被指导者个人实现其人生目标。尽管教练的过程非常愉快，被指导者也很满意，但教练的结果和组织目标无关。对于企业来说，这样的教练技术是难以支持组织发展的。

最后，企业希望通过教练技术随时随地解决问题，而不是培养高大上的专业教练。企业并不关心教练技术本身，企业只关心教练技术是否能解决实际问题。对于专业教练来说，动辄 40～60 分钟的对话流程，以及只问问题不给答案的教练模式，显然无法发挥积极的作用。企业需要的是能够利用教练技术随时随地解决问题的教练型管理者，而不是专业教练。每一个管理者都可以成为教练型管理者，但并不是每一个管理者都能成为专业教练。

基于这样的行业现状，我们对西方的专业教练进行了深入细致的研究，去掉了专业教练中过多涉及心理学催眠、身心灵，以及个人觉醒和发展的复杂内容，保留并提炼了适合企业使用的教练式对话的技术和工具，融入大量企业实战案例、现场情境模拟，帮助企业做到管理行为落地、组织绩效提升，最终形成了行动教练的体系。

行动教练是以西方专业教练精髓为基础，适合中国企业管理者的教练体系。行动教练专注于行为改变，以成果为导向，帮助企业解决经营中的实际问题，同时为企业建立了一套可复制的管理工具和方法，持续支持企业激发潜能。

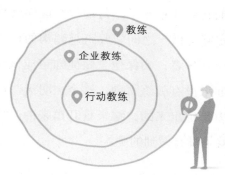

教练、企业教练与行动教练的关系

我认为行动教练是领导力发展的一个重要路径。过去的领导力发展主要关注培训项目中学员的参与度。这些培训项目都建立在这样的假设上：如果他们知道了，那么他们就一定会做到。但实践证明，这个观点是错误的，培训可以让我们从不知道到知道，但知道不等于做到。教练就解决了从知道到做到的学习闭环。

举个简单的例子，在全球图书领域，排名第一的畅销书不是管理类图书，而是节食减肥类的图书。所有购买节食减肥类图书的人都做了一个假设：如果我知道如何去节食减肥，那我一定就会去做。但事实证明，这个假设完全行不通，节食减肥类图书的销量不断飙升，读者的体重却没有得到最基本的控制。因为人们是不能通过阅读节食减肥类图书减轻体重的，而应该通过控制饮食和适量的运动，并且需要持之以恒。和购买节食减肥类图书类似的事情还经常发生在企业中。

　　我在长期的企业培训实践中发现，很多企业组织员工参加培训项目，让员工在学习的过程学到了很多，但因为没有做好培训后的跟进工作，导致大多数员工把学到的知识又还回去了。这不是因为他们不够聪明。可以说几乎所有参加培训项目的学员都是非常优秀的人，他们之所以没有将所学的知识应用到工作中，是因为他们学完课程后一旦回到工作中，就会立即被大量的任务所吞没。

　　这就需要教练的帮助和指导了。行动教练能够帮助管理者在"理解要做什么"以及"实际去做"之间架起跨越鸿沟的桥梁。行动教练会在一段时间内支持这位管理者，确保他去做他知道应该做但又总是"明天再说"的事情，而如果没有教练帮助，这个"明天"可能永远都不会到来。我们常说，能力是练出来的，结果是盯出来的。现实中的管理者又有多少是知道，但就是没有做到的呢？

行动教练与行动学习的区别

　　近年来，行动教练与行动学习在企业培训中掀起了一股热潮，但很多人并不清楚这两者之间有什么区别，更不知道究竟哪个更适合自己的公司。行动教练与行动学习都是开发领导力的有效方法，两者既有共同点，又有差异性，充分了解两者的特点与异同，有助于企业有效地运用这两种工具。

　　行动教练是一门简单而有效的管理技术，它运用对话来支持员工实现组织目标。管理者一旦掌握了这门管理技术，就可以推动员工实现从不愿意到愿意、从不会到会的转变，既可以激发员工的工作意愿，又可以提升员工的能力，从而更好地达成组织绩效。

　　比如员工小李遇到一个自己解决不了的问题，向管理者老张求助。但是老张发现，这个问题是小李努力一下就可以解决的。为了让小李能够独立自主地解决问题，管理者老张选择用教练技术来引导小李思考，并让小李自行找到问题的解决方案。这样的方式不仅可以提高员工小李解决问题的能力，还能让小李更加积极主动，因为他在解决问题中获得了成就感。

行动学习是一个团队在解决实际问题中，边干边学的组织发展技术及流程。行动学习是由不同部门人员组成的一个多元化小组，在引导师的引导下，通过质疑与反思、行动验证来解决组织实际存在的复杂难题，实现个人及组织的学习与发展。

比如某大型国企并购了一家公司，但并购后各类问题频发：人员众多、关系复杂，各部门配合不畅，企业经营不佳、连年亏损等。为了扭亏为盈，公司从各个部门中挑选了一些人员，并请来了一位引导师，对目前遇到的这些问题进行了一次行动学习。由引导师引导，小组成员对现有的问题进行提问与反思，找到行动方案并进行验证。这样的方式，不仅可以帮助企业解决实际的难题，还能让参与成员在实践过程中得到成长，真正实现"干中学"。

行动教练与行动学习的共同点有：

1. 都是项目化、流程化的培训方法；
2. 都以学员为中心；
3. 目的都是开发领导力和解决问题；
4. 学员对学习做出承诺，负责采取行动、解决问题和实现行为转变；
5. 都需要借助教练或者引导师的指导；
6. 都会持续跟进一段时间，几个月甚至更长时间。

行动教练和行动学习的区别在于：

首先，行动教练更加关注目标、行动和结果，基于个人的潜在优势，定制个性化的教练辅导，通过一段时间持续的跟进，利用强有力的提问来启发对方思考，加快对方的学习成长速度，使对方能够成为独当一面的干将型员工。行动学习更加关注解决企业面临的复杂难题，通过解决复杂难题促进人员的发展，从而构建一支加速组织学习和解决问题的团队。

其次，行动教练广泛应用在日常的管理工作之中，而行动学习主要是应用在解决重大问题上，或者是管理者综合能力提升的培训之中。如果把行动教练比作每天食用的盐，那么行动学习就是在重大节日里食用的粽子或月饼。

行动教练和行动学习的区别具体见下表。

行动教练和行动学习的区别

主要差别	行动教练	行动学习
关注目标	最大限度地激发个人或者组织的能力和潜能	解决组织中的现实问题 提升参与者解决问题的能力
工作关系	教练与客户是伙伴关系 外部教练或者直接领导 一对一为主	引导师负责项目设计与过程引导 团队学习 一对多为主
学员构成	个人为主	外部引导师为主 跨部门多名成员组成的团队
导师资格	专业教练或经过教练训练的上级领导	专业引导师
工作内容	提升能力，改善人际关系，提升绩效 达成目标，激发潜能	解决组织中的某个具体问题 发展成员能力，学习成长
工作方式	通过对话的方式打开对方心扉、启发对方思考、激发对方行动	项目化的管理，通过培训、调研、反思、方案设计等解决组织问题
结果呈现	个人心智模式和行为改变，工作绩效改善	某个具体问题的解决方案 成员学习成长
保密性	严格保密	不保密
培训评估	严格的测量评价	上级对方案的认可与实施价值
培训时间	一般 3 个月为一个周期，可以多个周期	根据实际情况安排的一段时间
频率	长期的、持续的	几年一次，根据需要不定期

英特尔公司的教练文化

目前教练已经在企业中得到了广泛的实践与应用，在世界 500 强企业中，有近 70% 的企业在运用教练技术，其中就包含英特尔公司。为了提高和强化管理人员的领导能力和管理水平，英特尔公司将教练技术融入整个公司管理层的领导力发展项目中，贯穿"学习—交往—历练"三个阶段。同时英特尔公司认为，培育教练文化需要管理者做三件事：学教练、被教练和教练别人。

1. 学教练，学习如何做教练。英特尔公司的管理者有两门必修课程——基础教练课程（Foundations for Coaching）和卓越教练课程（Coaching for Excellence）。基础教练课程对教练技术是这样描述的：教练技术是管理和领导力技巧的基础。卓越教练课程则强调：我们为什么需要教练？因为教练是拓展管理者创造性的重要途径。

2. 被教练，为管理者配备一个教练，接受他人教练自己。英特尔公司在企业内设置了全职企业教练，负责英特尔全球教练项目的规范及审核，总监及以上的管理者全部配备外部教练。在亚洲，特别是在中国，教练是急需的项目，因为市场高度成长，管理者需要应对更多的机遇和挑战。英特尔教练项目的主要目标是"发挥员工潜能，提高积极性，强化员工对企业的贡献度"。

3. 教练别人，管理者对下属进行教练。如何确保每一位管理者都真正做到对下属进行教练？英特尔公司在下属对经理每半年的匿名考核中，加入了教练相关的内容，考核内容如下：

- ◆ 我的上司为我设定绩效期望值。
- ◆ 我的上司给我反馈。
- ◆ 我的上司能够倾听我。
- ◆ 我的上司为我提供支持。

◆ 我的上司将我和组织战略建立关联。

◆ 我的上司欣赏我做出的贡献。

◆ 我的上司鼓励我勇于冒险。

◆ 我的上司利用我的优势。

◆ 我的上司发展我的技能。

◆ 我的上司给我提供职业发展指导。

这 10 道题都和教练辅导密切相关，要求上司秉持教练原则，运用倾听、提问和反馈的方式与下属开展成果导向的教练对话，支持下属挖掘潜能、达成目标。

英特尔公司的这 10 项考核内容是根据全球著名的盖洛普⊖咨询公司花了 30 多年时间做的调研改编得到的。盖洛普咨询公司的调研采访了 100 多万名员工、8 万多名经理人，调研内容是，什么样的工作环境下员工是敬业的？最后从数千个问题中，筛出了 12 个问题。这项调研的研究成果记录在《首先，打破一切常规》这本书里，这 12 个问题是：

1. 我知道对我的工作要求吗？

2. 我已经准备好我的工作所需要的材料和设备吗？

3. 在工作中，我每天都有机会做我最擅长做的事吗？

4. 在过去的 6 天里，我曾因工作出色而受到表扬吗？

5. 我觉得我的主管或同事关心我的个人情况吗？

6. 工作单位有人鼓励我的发展吗？

7. 在工作中，我觉得我的意见受到重视吗？

8. 公司的使命目标使我觉得我的工作重要吗？

9. 我的同事们致力于完成高质量的工作吗？

10. 我在工作单位有一个最要好的朋友吗？

⊖ 盖洛普是一家以调查为基础的全球绩效管理咨询公司，1935 年由乔治·盖洛普创立。

11. 在过去的 6 个月内，工作单位有人和我谈及我的进步吗？

12. 过去一年里，我在工作中有机会学习和成长吗？

不难发现，这 12 个问题中的大部分和上司有关，如果上司对下属给予足够多的关注，下属感受到了上司对他的重视，在工作中获得了成就感，下属的敬业度就会高，反之，下属的敬业度就会很低。所以，其实员工的敬业度是由上司决定的。

调研得出的结论是，员工永远是最初加入公司，最后离开上司。员工加入公司时是因为公司的知名度，加入之后发现和上司不合所以离开。如果一家公司的员工大量流失，很大程度上说明管理人员出了问题。我们常说"千里马常有，而伯乐不常有"。调研还发现，70% 的明星员工都是被平庸的经理折磨走的。一位优秀的上司其实就像催化剂，不是促进员工发展的内因，但是一个重要的推动力量。一个部门更换一位管理者，产生的结果可能截然不同。

管理学之父彼得·德鲁克曾说过：一个组织卓有成效，就必须使员工卓有成效，而使员工卓有成效，就必须使他的上司卓有成效。所以提高员工敬业度的关键还是在管理者身上，这也是教练强调的由内而外的思维模式。

如何成为一名优秀的管理者

教练型管理者和普通管理者在职场中的管理方式是不一样的，管理方式或技巧是其次的，最主要的不同是，他们秉持不一样的原则。就像在武侠小说中，高手的招式是其次的，更重要的是要参透内功心法。我们经常能听到管理者这样的抱怨："手下没有一个得力干将，什么事情都需要自己来干。"但是仔细观察他们的日常工作，你会发现，管理者"什么事情都要自己干"是原因，而"手下没有得力干将"是结果。

我们前面提到谷歌的"氧气计划"，排名第一的特质是教练，而排名第二的特质就是提升团队实力，权力下放，不事必躬亲。这一特质看似简单，但很多管理者都做不到这一点。他们往往在工作中冲锋陷阵，事必躬亲，以专家的身份自居，甚至把忙着为员工救火作为成就感的来源。事必躬亲的管理者，从好的方面来说是认真谨慎，从不好的方面来说就是不愿意放权，不相信员工。

管理学之父彼得·德鲁克在《卓有成效的管理者》一书中指出：一般管理者的工作时间被分为受上司支配的时间、受组织支配的时间、受下属支配的时间和由个人支配的时间。拥有个人可支配的时间是卓有成效的管理者的首要任务。⊖

个人支配时间的首要敌人就是下属占用管理者的时间，很多管理者往往深陷其中难以自拔。著名的领导力专家肯·布兰佳博士在《一分钟经理人遇见猴子》一书中对这种现象做了生动的描述。下属占用管理者的时间，是从猴子成功地从下属身上跳到管理者身上那一秒钟开始，它不会轻易罢手，除非它回到原来的主人身上，得到照顾与喂食。⊖有时候是员工把猴子丢到了管理者身上，有时则是管理者主动把员工的猴子接到自己身上。

责任就像一只猴子，一不小心就从员工身上跳到管理者身上

帮员工背猴子的管理者

⊖ 德鲁克. 卓有成效的管理者 [M]. 许是祥，译. 北京：机械工业出版社，2005.
⊖ 布兰佳，约翰逊. 一分钟经理人遇见猴子 [M]. 周晶，译. 海口：南海出版社，2004.

在接受这只猴子的同时，管理者也自甘成为下属的下属。因为管理者要开始做两件原本应该是下属要帮管理者做的事情。其一，你从员工身上接下责任；其二，你答应给员工进度报告。这样一来，猴子在你的背上，你扮演的角色是问题解决者，而下属则扮演上级指导者，因为这是唯一摊在桌上等他挑选的角色。而且为了确定你没忘记这件事，下属隔一段时间会把头探进你的办公室，高兴地询问你："老板，事情进行得怎样了？"

有些管理者会有疑问：当员工带着问题来找自己的时候该怎么办？怎样才能既帮助员工解决问题，又不帮员工背猴子呢？2012年年度十大网络流行语，排名第二的是电视剧《神探狄仁杰》里的一句台词："元芳，你怎么看？"从教练的角度来看，电视剧《神探狄仁杰》中的狄仁杰可以说是一位非常好的教练型管理者。"元芳，你怎么看？"简单的一句话就把员工丢到管理者身上的猴子，又不动声色地丢了回去。

狄仁杰是管理者，元芳是员工，每次元芳遇到困难会第一时间向狄仁杰汇报，第一句话就是："大人，此事蹊跷。"这句话的言外之意是，这事不好办。换成普通的管理者可能会第一时间就回答："这么简单的事还看不出来吗？"接着就把解决方案给出去了。但狄仁杰听到元芳这样说，会这样回复："嗯，此事蹊跷。元芳，你怎么看？"狄仁杰重复元芳的"此事蹊跷"，表示自己同意元芳的观点，之后又把员工递给他的猴子扔了回去："元芳，你怎么看？"一瞬间把问题又还给了元芳。

大多数管理者因为对员工缺乏支持、期待和信任，在员工把猴子递过来的时候，也没有想过把猴子重新交给员工，而是理所当然地接了过来。管理者之所以会出现帮员工背猴子的情况，是因为他们的思维模式出了问题：只有自己是可靠的，只有自己能解决所有的难题，而员工是不值得信任的。一些管理者可能会反驳这一说法："我们只是希望能尽快地解决问题，并不是认为员工不可靠。"但当你问他"所有的事情都这么紧急吗"时，他们就不会那么理直气壮了，因为他们清楚，紧急的事情非常少。他们之所以选择事必躬亲，就是因为他们不够信任他们的下属，所以才不愿意花时间引导下属去解决问题。

管理学之父彼得·德鲁克在文章《他们不是雇员，他们是人》中指出："对于任何组织而言，伟大的关键在于寻找人的潜能并花时间开发潜能。"如果失去了对员工的尊重，开发潜能很可能被理解成仅仅为了组织的绩效，而把人视为达成目的的工具。但事实上，只有对下属做到足够尊重，才可能真正把对方的才能激发出来。

教练式管理之所以能够启发员工，也是因为教练型管理者坚信员工是有能力解决问题的，并且愿意支持员工去完成任务，而且期待员工可以做得比自己预期的要好。能够做到这几点的管理者，也是因为他们遵循了行动教练的 SET 原则：Support，Expect 和 Trust。

行动教练的 SET 原则

◆ Support 支持，支持被指导者实现组织目标。

◆ Expect 期待，期待被指导者自行探索答案。

◆ Trust 信任，相信被指导者拥有巨大的潜能。

　　行动教练认为，教练绝对要秉持的原则就是支持当事人的个人成长。想要把员工培养成得力干将，就一定要对员工做到支持、期待和信任。如果管理者不能真正欣赏员工一路走来所秉持的那些信念和经验，不能真正认同员工的主观能动性，教练的作用实际上就不可能发生，他会忙着给建议，忙着给答案。建议的出现将会直接剥夺他人思考的权利。解铃还须系铃人，管理者的重点是帮助员工以最适合他们的方式去探索答案，而不是给他们标准答案。

　　很多时候所谓标准答案往往是适合管理者的答案，是管理者过去经验的总结，而不一定适合被指导者，不代表能解决被指导者未来的问题。教练的原则是由教练的角色定位决定的，教练之所以称为教练，是因为他不轻易给建议。教练取得成果的大小，不是看教练工具运用得熟练与否，而是看教练是否真正做到了欣赏被指导者，以及是否相信被指导者有能力、有潜能自己解决问题。

　　教练要清晰地认知自己是支持被指导者实现目标的伙伴，并相信被指导者有能力和潜力做好他自己的工作，只有这样才能够有效地帮助被指导者实现目标。这种深层的"和被指导者在一起"的感觉，给了被指导者自己察觉的空间和成长的支持。其实撇开教练不谈，SET 原则也可以作为我们为人处世的原则，不单在企业中适用，在家庭里也一样适用。如果我们看到他人都秉承支持、期待和信任的原则，我们就会理解他人的行为，同时也会避免很多的冲突，因为我们不会再站在自己的角度去批判别人。

　　很多管理者为了激励和留下人才想尽办法，耗费了很多精力和金钱，但经常会弄巧成拙。因为尽管他们做了很多，但是出发点还是为了他们自己，他们总是用自己喜欢的方式去"爱"对方，却从来不知道对方想要什么。所以作为管理者一定要相信："持有问题的人最清楚问题的答案。"

◆ **小结**

1. 什么是行动教练

行动教练是以西方专业教练精髓为基础，适合中国企业管理者的教练体系。行动教练专注于行为改变，以成果为导向，帮助企业解决经营中的实际问题，同时为企业建立了一套可复制的管理工具和方法，持续支持企业激发潜能。

2. 行动教练和行动学习的区别

行动教练更加关注目标、行动和结果，基于个人的潜在优势，定制个性化的教练辅导，通过一段时间持续的跟进，利用强有力的提问来启发对方思考，加快对方的学习成长速度，使对方能够成为独当一面的干将型员工。

行动学习更加关注解决企业面临的复杂难题，通过解决复杂难题促进人员的发展，从而构建一支加速组织学习和解决问题的团队。

3. 帮员工背猴子的管理者

下属占用管理者的时间，是从猴子成功地从下属身上跳到管理者身上那一秒钟开始，在接受这只猴子的同时，管理者也自甘成为下属的下属。因为管理者要开始做两件原本应该是下属要帮管理者做的事情。其一，你从员工身上接下责任；其二，你答应给员工进度报告。

4. 行动教练的原则

Support 支持，支持被指导者实现组织目标。

Expect 期待，期待被指导者自行探索答案。

Trust 信任，相信被指导者拥有巨大的潜能。

CHAPTER3
第三章

行动教练的核心能力
——深度倾听

　　如果说行动教练的原则是武功秘
籍的内功心法，那么接下来的行动教练
的核心能力，就是具体的武功招式。行
动教练的核心是对话技术，对话最重要
的技能就是倾听、提问和反馈。接下来
的内容不仅会阐述这些技能的内涵和价
值，更提供了实操的步骤和方法。

深度倾听

有力提问

有效反馈

行动教练的核心能力：深度倾听、有力提问、有效反馈

深度倾听，打开心扉的技术

许多企业管理者都会有这样的困惑：

◆ 为什么我和员工之间的沟通总是没有效果？

◆ 为什么我的员工总是不明白我的意思？

◆ 为什么我的员工总是不能提出自己的想法？

◆ 为什么我的员工不能自己解决问题，总是有问题就来找我呢？

◆ 为什么我的员工都不愿意与我沟通？

◆ 为什么我和我的员工总是针锋相对？

相信这一连串的为什么问出了很多管理者的心声，但其实我觉得管理者最应该问的是：我们给员工机会让他们好好说了吗？我们有好好听员工在说什么吗？其实当管理者在一味地质疑和责怪员工时，员工也在一步步地远离管理者，不会再信任管理者。当信任不存在时，员工也不会成为你的得力干将。有时候管理者应该换位思考一下，问问自己：我的员工真的有这么差吗？真的有我说的那么不堪吗？其实不然，只是管理者不会听而已。

◇ **经典案例**

不听员工说话的老板

老板安排下属小林做一项工作，并且嘱咐他：任务十分紧急，必须当天完成。下属知道应该赶快去做，但是一连串的急事让他耽误了老板布置的工作，这一天他忙得连午饭都没吃。

等到快下班的时候，老板来找小林："安排你做的工作做完了吗？"小林向老板解释说他今天实在太忙了。还没等他说完，老板就打断了他并且生气地对他大吼："我不想听你解释！我花钱雇你不是让你整天坐着无所事事的！"当下属再次准备向老板解释时，老板丢下一句话："别说了！"然后径直朝电梯走去。

其实这个老板并没有做到真正意义上的与下属沟通，因为他根本没有在听。在老板给下属布置任务时，老板只是通知了下属这件事，没有询问下属的想法，也没有问下属能不能完成，只告诉下属说今天必须做完。老板与下属之间完全没有语言的交流，下属只是被动地接受。到了截止时间，老板来询问进度，得知事情没有完成时，就立刻指责和教训下属，并说出了非常伤人的话。这个老板犯了很多管理者都爱犯的错，就是在与下属沟通时，只有询问和批判，所以在这个过程中，下属的参与感不强，积极性也不高。

小林垂头丧气地下班回家，路上遇到了一个朋友。因为心里非常郁闷，小林把刚刚发生的事情告诉了朋友，朋友想要帮他缓解一下郁闷的心情，于是安慰道："这不是你的错，你已经尽了最大的努力，是你们的老板不近人情。我觉得你应该找个时间和他谈谈，这样对你们以后的沟通会很有帮助。"朋友的话让小林觉得更生气了，于是他转身就离开了。

说来可能有些难以理解，但是朋友的建议和安慰反而激怒了他。因为刚刚被老板劈头盖脸地骂了一顿，内心受到了很大的伤害，此时他最听不进去的就是建议和大道理。他朋友的言辞让他觉得他朋友就像他的第二个老板，这才导致了他的情绪失控。

本案例中，无论是老板还是朋友，都不是一个好的倾听者。老板的询问和批判、朋友的建议和安慰，从很大程度上阻碍了倾听，没有倾听自然很难打开他人的心扉，沟通也就难以取得效果。那么正确的倾听方式是怎样的呢？

首先，不能像老板一样独断专行，把与下属的沟通变成一场审判大会；其次，不能像朋友那样坚持己见，把朋友间的倾诉变成建议和安慰。当我们想要与他人沟通时，要做的第一件事就是放下我们的想法和意见，放下我们的身份角色，去用心倾听语言背后的情绪和需求，这也就是行动教练所说的教练式倾听。

作为管理者，我们需要从一个传统的倾听者转变成一个教练式的倾听者。作为教练，我们需要做的是引导，而不是批评说教。这就要求我们应该想办法打开下属的心扉，倾听他们最真实的想法，让他们感受到信任和尊重，让他们以最饱满的热情和责任心投入工作。当我们成为一个教练式的倾听者之后，你会惊奇地发现，原来那些一直困扰我们的问题都迎刃而解了。

听到员工语言背后的情绪和需求

> 一旦有人倾听，看起来无法解决的
> 问题就有了解决办法，千头万绪的思路
> 也会变得清晰起来。
>
> ——卡尔·罗杰斯
> 著名人本主义心理学家

许多人对倾听的理解比较片面，认为不打断对方说话就是倾听。但事实上，倾听的要求远不只这么简单。行动教练认为，想要打开对方的心扉，就一定要做到深度倾听。行动教练对深度倾听的定义："站在被指导者的立场上听到对方语言背后的情绪和需求等，让被指导者感受到理解和信任，是打开被指导者心扉的技术。"深度倾听是最高层次的倾听，不仅要听对方说什么，还要听对方没说什么。深度倾听鼓励被指导者自由表述自己的想法和情感，以自己的方式探索问题，唤起自身对问题的责任感。当被指导者感觉到教练正在倾听时，他就会感受到理解和尊重，心灵之门也会开启。

让被指导者感觉到教练在倾听是非常重要的。深度倾听的结果是把普通的交流轻松地变成成果丰富的对话，整个过程充满活力。被指导者深入讲出内心的话，他们根据自己的能力开口讲话，他们注意到自己的内在创造力的提高。深度倾听让被指导者接受关怀与支持、直面困境，让他们学会认识自己真正的能力范围，并重新找回内在的幽默和智慧。最重要的是，深度倾听让被指导者学会平衡内心的重大问题和倾听内在的自己。

倾听时将被指导者看作他们梦想的拥有者和开拓者可以让他们感受到支持并相信自己的梦想。教练可以协助他们倾听自己梦想的声音，协助他们将自己内心的感觉与梦想连接起来，因此他们渐渐有能力触及内在的资源并且与深层意义建立联系。

倾听有三个境界：第一个境界是听自己。听自己就是对方说什么不重要，无论对方说什么，我都会按照我的理解回复对方，对方的话还没说完就开始表达我自己的看法。第二个境界是听对方说了什么，接收信息但仅限于理解字面的含义。倾听的第三个境界，也是倾听的最高境界，是听对方没说什么，理解和感受对方语言背后的情绪和需求。如果对方有言外之意，倾听者没有意识到的话，谈话很快就会结束。高质量的沟通来自深度倾听。深度倾听能获得更多的信息、更深的理解和更好的效果。一场实现深度倾听的谈话就像跳交谊舞，双方都需要很投入，配合很默契。深度倾听还能激发讲话者和倾听者的灵感，使双方更加积极地参与到对话中来。能做到以上几点其实是非常难的，所以深度倾听也是教练三大核心技术（倾听、提问和反馈）里最难、最重要的一个环节。

虽然做到深度倾听非常难，但是它能带来的效果是非常好的，只有员工信任管理者，管理者的所有工作才能顺利地展开。那么究竟该如何做到深度倾听呢？行动教练提出了 3R 模式，分别是 Receive 接收、Respond 反应、Rephrase 确认。能够做到这三点，就可以真正做到深度倾听。

深度倾听的 3R 模式

第一个 R 是接收：这要求人们放下自己的想法和判断，一心一意地体会他人所讲的话。大多数情况下，我们用回答的态度听对方讲话，表面上是在倾听，但是内心一刻不停地在思考该如何回复对方，目的是在对方讲话结束时，能够对对方的疑虑和问题做出回答，但这一点其实是深度倾听最大的障碍。

人们习惯在倾听的过程中思考并判断，是因为倾听比思考的反应要慢。人的大脑一分钟可以思考1000～3000字，但耳朵只能听到

200～400字，所以在倾听的过程中大脑已经在思考了。这样的倾听模式可能带来的极端后果是让一场谈话变成一场辩论，甚至激化双方的矛盾。在这样的倾听模式下，谈话双方不能以平和的心态完成对话，每次谈话都会变成辩论，无法达到有效沟通的目的。

第二个R是反应：使用语言性和非语言性的要素让对方感觉到你在听。语言性的要素主要是回放，重复对方的话语或关键词。非语言的要素包括：点头、微笑、目光注视、肢体同步和记录等。

第三个R是确认：向对方表示你已经或正在理解对方所说的意思，与对方产生共鸣。确认是倾听的最高智慧，也是同理心倾听的标志。无论你的理解能力有多强，被指导者都需要你对谈话的内容进行确认，当你理解了被指导者的想法时，被指导者就会和你产生共鸣。

深度倾听始于暂时放下自己的想法，集中精力倾听对方说的内容，结束于将自己的理解传达给对方，获取对方的信任。深度倾听可以让被指导者感受到：你相信并支持他。被指导者讲出真心话，就会注意到自己内在创造力的提高，勇于直面困境，认识到自己真正的能力范围。

对于管理者来说，深度倾听有利于与下属建立彼此信任的关系，改变彼此的态度。随着职位的晋升，管理者的业务范围扩大，依靠个人力量单独完成的工作会越来越少，即使是熟悉的任务，随着环境的变化，以往的解决方法也有可能不再适用。所以管理者想要获取更高的成就，就必须依靠团队的力量，而能够让团队发挥出强大的力量的前提是管理者和团队成员彼此信任。

接收（Receive），不要急着表达自己

西方谚语说："上帝给了人类两只耳朵和一张嘴巴，是希望人类少说多听。"史蒂芬·柯维在《高效能人士的七个习惯》一书中也指出：大

多数人不愿意用时间和精力对倾诉者进行详细诊断，而是对别人的状况、处境或问题进行主观臆断，迫不及待提出意见，目的是为了给出答案，表现自己，不是为了理解对方。别人讲话时，他们本能地去想该说什么而不是接收信息，这对深度倾听来说是一个很大的挑战。

传统的观念认为，辅导他人是说多于听的活动，听是为了解决问题、做出判断或给出建议才去听。但事实上，倾听他人说什么是一种对他人表示尊重的方式。如果我们要了解被指导者的想法，就必须倾听。

除了具备倾听的能力之外，管理者还需要传递一种意愿，即愿意倾听被指导者说了什么，这对于提高双方关系的质量有着重要的影响。遗憾的是，人们不仅不善于倾听，还很少有人接受过有关如何倾听的培训。大多数管理者并不是为了理解才去倾听，而是为了回答才去倾听。他们不是正在发言就是准备要发言。

行动教练认为，当一个人过早出现以下这4类行为时，会阻碍倾听的效果。

第一种行为：建议

"我觉得你应该做。"

"如果你这样做，结果肯定会更好。"

在对话过程中，我们经常会忍不住好为人师地给予建议，但事实上，给对方建议就是在打击对方的信心，让对方觉得你认为他束手无策。所以对方经常会回答："虽然你说的很对，但不适合我。"

第二种行为：安慰

"这不是你的错，你已经尽了最大的努力。"

"你真的太可怜了。"

以往我们会认为，当别人遇到难题或者经历了不好的事情时，会需要别人的安慰，但其实安慰会让对方感觉彼此的心理优势不同：被安慰者处于劣势地位，安慰者处于优势地位。这样会加重被安慰者的消极情绪。

第三种行为：批判

"高兴一点儿，为这件事难过值得吗？"

"就你这样遇到一点儿事就退缩，还想得到重用吗？"

有些人在倾听时会根据自己的经验和看法对别人进行批判，表现出居高临下、盛气凌人的姿态，这会激怒对方，甚至可能会引发更激烈的冲突。

第四种行为：询问

"这种情况是什么时候开始的？"

"你有没有想过为什么会出现这样的结果呢？"

许多人认为根据对方的谈话内容进行一系列的询问是表示自己有认真倾听，并且还有思考。但是询问表示的是倾听者更关注事实，而不是面前的个人，以及他的情绪和需求。很有可能被倾听者此时还未做好解决问题的准备，只是单纯地想倾诉一下。当倾听者提出问题时，对方会不知道该怎么回应。当对方带有很大的困惑，或者陷入比较悲观的情绪想要寻求帮助时，倾听者如果还没有理解对方的情绪和需求就迫不及待地想要帮助对方，往往会以失败告终。

心扉没有打开，任何帮助都是徒劳，而打开心扉需要靠深度倾听，站在对方的立场听到对方语言背后的情绪和需求，让对方感受到理解和信任。我女儿现在上高中了，她在上小学 3 年级的时候，有一天早上，她把衣服穿得整整齐齐的，然后来到我们的房间照镜子，她看着镜子里的自己，突然气鼓鼓地说："我简直丑得像只猪。"

听到她这样说，我知道她心里是有想法的，但是如果沟通不当，很有可能她以后就不愿意和我们沟通了。在说我的解决方法之前，我想先说下一般家长会做出的 4 种反应。

第一种反应是给出建议："我觉得你换件衣服就漂亮了。""头发可以重新梳理一下，这样就不像猪了。"这种行为就是典型的好为人师，潜台词是，我比你聪明，所以我会给你改善的建议。但是听到这种话，孩子是不会开心的，她会觉得你一点儿都不懂她。

第二种反应是进行批判："如果你再不控制饮食的话，那你会比猪肥多了。""你有猪那么聪明吗？"这种行为会让孩子产生极大的抵触心理。如果家长出现这种行为，就一下子把自己放到孩子的对立面了，所以家长也不要奇怪为什么孩子不愿意和你说话了。

第三种反应是安慰和体恤："哎哟宝贝，你这么一说还真有点儿像，你也太可怜了，但是长相就这样了，咱们也没办法。"这种行为从本质上来讲，是认为：我比你高一等，你是弱者，所以我才会同情你。听到父母这样说，孩子的情绪就会更低落了。

第四种反应是询问："你什么时候开始觉得自己像只猪？""你为什么觉得自己像只猪？"当你还没有了解整件事情时就开始询问，很有可能会问不到点子上，这样会让孩子觉得你还是不懂她。

那究竟应该怎么做呢？我们说深度倾听，是要站在对方的立场上听到语言背后的情绪和需求。我当时是这样问她的："你好像对今天的形象不是很满意，是吧？听起来你是希望自己今天可以更漂亮，是吗？"我通过两个封闭式的问题来确认她的情绪和需求，让她有认同感，这样她就可以快速打开心扉，愿意和我聊更多的事情。

有些人可能并不理解上面4种行为过早出现的危害，这就好像你的眼睛不舒服去医院检查，医生只听你说了几句话就把自己的眼镜摘下来递给你："这个眼镜我已经戴了10年了，很管用，送给你。"但你戴上之后什么都看不到。"怎么会呢？"医生说，"我戴的时候很好啊，你再试试。"但你的眼前依然模糊，医生恼羞成怒地说："你这个人怎么回事？往好处想不行吗？我对你多好啊，都免费送给你眼镜了，真是好心没好报！"

下属带着问题找老板就像病人找医生看病，但受传统观念的影响，管理者与下属沟通的目的就是说服对方，以此来体现管理者的权威和专业。管理者和下属沟通时打断下属的陈述，或者急于表达自己的想法和判断，倾听只是为了回答疑问、解决问题，而不是去理解对方。整个过程中管理者都是居高临下的姿态，没有给予下属足够的尊重，并且坚信自己的想法和判断是正确的。当下属提出意见时，管理者往往是为了反驳而听，无法理解下属真正的情绪和需求，反而会与下属产生隔阂。所以当下属再次遇到问题时会选择沉默，管理者与下属间的关系也会慢慢变差。

有一种情况例外，不用担心过早出现这4种行为会阻碍倾听，那就是和对方关系极为亲密，或者对方非常敬佩你，较早出现以上行为影响不大。但如果与对方关系一般，且对方带有情绪，过早出现这些行为的话，对方就会非常抗拒。

无论是病人找医生看病，还是孩子找父母倾诉，抑或是下属找上司解决问题，一场谈话的结果之所以是争论或沉默，是因为放不下自己的想法和判断，始终站在自己的立场上表达自己的看法，急于给对方意见或批判对方，想要表达自己的同情或者急于询问。因此无法真正理解对方，就不会听到对方语言背后的情绪和需求，更不要说打开对方的心扉了。

有这样一句话：我并不在乎你给我的建议，除非我知道你有多在乎我。想要做到深度倾听就要做到真正放下，就是放下自己高人一等的姿态，放下自己的想法和判断，带着支持、期待和信任站在与对方同样的位置，不带任何目的，完全敞开心扉去倾听他人的想法，让对方感受到你对他的理解和尊重。

反应（Respond），为表达创造动力

在与他人沟通的过程中，如果能做到接收对方的信息，不急着给对方建议、批判对方、询问和安慰对方，你已经超过了很大一部分人了。

但这还不够，如果你不能给对方任何反馈，对方依然无法感受到被倾听。所以倾听时要做到第 2 个 R：Respond 反应。反应在深度倾听中非常重要，因为通过给出反应，可以让他人感受到被倾听，会让他人有继续讲述的动力。当然，在沟通中不能只做同一种反应，否则对方会感觉你在敷衍了事。

深度倾听的反应方式是多种多样的，不同的反应有着不同的作用，行动教练最常使用的主要有 6 种：

点头

点头代表对他人的理解，接收到了对方的信息，也表示对他人友好。当倾听他人时多点头，对方就会因为你肯定的暗示而感受到被理解。

微笑

微笑可以打开心灵枷锁，它产生的光芒可以照耀周围，增添一些友好与和谐的气氛。微笑是人与人之间的沟通妙法，表示我们的诚心，更可以解除他人的戒心。

目光注视

目光注视表示你正在全神贯注、用心地倾听他人的话语，可以让对方感觉到理解、支持与信任。而且看着对方的眼睛，表示你的内心是坦诚的，目光游离会让人有一种心不在焉、不自信或不信任的感觉。

肢体同步

肢体同步要求我们的躯干部位的动作要保持同步。肢体同步表示你与对方是在同一个频道同一个节奏上，你们是平等的，是没有差距的。如果你与下属谈话，对方紧张得只坐了椅子的三分之一，而你放松得跷着二郎腿，对方会立刻觉得和你不是一类人。物以类聚，人以群分，人是根据彼此的行为模式是否一致来判断他人是不是同伴的。行为模式一致会提高彼此的亲和度，让对方放松戒备。要注意的是躯体部位的动作保持一致，不是完全模仿对方的行动，如果对方挠挠头你也挠挠头，对方摸摸鼻子你也摸摸鼻子，对方会产生一种"你为什么模仿我"的疑惑。

记录

在谈话过程中进行记录可以向对方传达你的重视和专注，通过记录也可以及时梳理思路和逻辑，以免遗忘关键内容。记录的内容之后也可以送给对方，作为下一步跟进落实的依据。

回放

回放是指在倾听过程中可以重复对方话语中的部分内容或关键词。他人的言辞反映了他们的想法，准确地复述对方话语中的关键词，表示你对对方所说的事情非常关注。回放这一行为简单有效，但也不要过多地使用，不然对方会想"为什么你总是重复他的话呢"。

确认（Rephrase），确保信息一致

深度倾听的最后一步就是 Rephrase 确认，确认自己是否真的听懂了对方的意思。无论教练具备多强的理解能力，都需要对被指导者的谈话内容进行确认，这样既可以保证教练正确地理解了被指导者的想法，又能让被指导者有机会核实他所表达的真实意图。需要确认的内容包括事实、情绪和需求。教练需要更多地关注事实和情绪背后的需求，因为需求往往会和对方的目标相连接。行动教练常用的确认语句包括：

让我来明确一下……是吗？

你的意思是……是吗？

换句话说就是……是吗？

我们一致同意的是……是吗？

你告诉我的是……是吗？

据我了解，你觉得……是吗？

　　所以，你认为……是吗？

我们结合具体的事情来感受一下确认语句的作用：

- 让我确认一下我是否理解了当下的状况，你觉得报告应该立即完成，但会计部门觉得等到假期之后也是可以的，是这样的吗？
- 听起来你是因为小王没有帮你输入数据就走了而觉得有点儿生气，是吗？
- 你的老板没有评价你的汇报就离开了，你感到不受重视，所以有些失望，是吗？
- 你刚刚提到目前团队缺乏凝聚力，所以你是希望能够提升团队的凝聚力，是吗？

　　以上的问题都是一些封闭式问题，一些教练学派认为，因为封闭式问题很难启发思考，所以教练不能问封闭式问题，只能问开放式问题。虽然封闭式问题难以启发思考，但是对打开心扉有很大的价值，封闭式问题让人们只能回答是或不是，而在倾听确认的阶段，目的就是让对方回答是或不是。回答"是"就代表你懂我，回答"不是"就代表你不懂我，问封闭式问题就是为了创造让对方点头的机会，一旦对方对表达的内容进行了确认，对方就能够感觉到被认同。例如："你是因为小王没有帮你输入数据就走了而觉得有点儿生气是吗？"和对方确认了情绪，他就会有一种"你懂我"的感觉。

　　抱怨在职场中很常见，如果管理者可以处理好员工的抱怨，就可能会有意想不到的收获。当员工向管理者抱怨："我真的要好好思考一下是否应该继续留在这个公司了。前不久的一个培训，老师让我们想象10年后自己的形象，但我感到很茫然。我不想把时间耗费在自己不喜欢的工作上，想趁早给自己选择另外一条路，但又缺乏自信，所以我现在真的不知道该怎么办。"

面对员工的抱怨，管理者一般会有这几种反应：建议、批判、询问和体恤。给出建议的管理者可能会说："天下乌鸦一般黑，不要以为离开这里就很好，很多人离开后都后悔了！""我 10 年前也茫然过，熬一下就好了，关键看谁能熬得住。"喜欢批判的管理者可能会说："像你这样没自信的人，到哪都是一个样。""你在这里都混不好，去别的地方就能混好了吗？"习惯询问的管理者会这样问："你为什么会有这样的想法呢？""你因为什么不自信呢？"体恤下属的管理者可能会说："我也是这样想的，要不我们一起走吧。"

下属带着自己离职的困惑来找管理者，愿意告知管理者心里话：其实并不是真的想离职，而是有了新的想法想沟通。管理者遇到这样的状况，首先应该倾听，这是这次谈话能够进行下去的基础。其次，作为一个教练型管理者，需要学会确认需求，如提问以下问题：

"听起来你是缺乏自信，对吗？"

"看来这次培训对你还是很有启发的，对吗？"

"你是希望能够明确 10 年后的形象，是吗？"

"你是希望在公司里能有一份喜欢的工作，对吗？"

"所以你是希望能有更多的自信，是吗？"

这些话术可以让对方感受到被理解，同时也可以为下一步的提问做准备。

确认练习

在若干个选项中选出你认为最符合深度倾听的确认模式。

谈话 1（男，36 岁）

"我有雄心壮志，我做过的每一项工作都很成功，我也希望在这里取得成功，即使这意味着要伤害一些人的感情，我要证明自己取得了成功。"

深度倾听的确认是：

1. "你觉得自己是个雄心勃勃的人并且很想证明自己在这里的成功，是吗？"

2. "你为什么要有如此强烈的成功欲望？"

3. "很好，有这种态度你很快会成功的，哪些方面需要我帮助请告诉我！"

4. "在我看来你太希望成功了，以至于不顾别人是否喜欢你。"

5. "如果你抱着这种态度，你在这儿会很不受欢迎。这根本不是我们的做事方式。"

谈话 2（女，26 岁）

"商学院的两年学习使我可以做一名名副其实的职业管理者。与男性的竞争使我相信，我不比任何成功的男性差。如果贵公司想聘用我，一定要适合我个人的事业发展。"

深度倾听的确认是：

1. "商学院的教育是笔巨大的财富，但我认为它并不能使你成为一名出色的管理者，只有经过磨炼你才能成为出色的管理者。"

2. "你预计在本公司里女性会遇到哪些困难？"

3. "我相信你是对的。我们的确需要像你这样有技术和有上进心的人。我们下周再见个面，我将帮你计划一下如何在最短的时间内取得你希望在本部门获得的经验。"

4. "如果我没听错，你认为自己充分具备了一名出色的管理者的条件并希望本公司尊重这一点，是吗？"

5. "看起来你有些担心能否得到你认为自己应得的地位，是吗？"

谈话 3（男，44 岁）

"我以前总是雄心勃勃的，可我的年龄大了，成功对于我来说不那么重要了。在公司里我可能是不成功的，但我对家庭倾注了全部力量，我是个非常幸福的有家之人。"

深度倾听的确认是：

1."听起来是很合情理的态度，毕竟很少有人能在事业上达到巅峰。我能帮你什么？"

2."是的，你到了决定转换目标的时候了——从事业转向家庭。但你是不是有些失落的感觉？"

3."你做得对！当没人在意你做什么的时候，你还在拼命奋斗，那太傻了。"

4."随着年龄的增长，你对自己的家庭生活越来越满意了，是吗？"

5."为什么你觉得在公司里是不成功的？你认为成功意味着什么？"

谈话 4（女，41 岁）

"当我来到这个城市时，我打算建立一个更大的关系网，并且结识许多同事和朋友。我一直很看重自己的工作的社会性。这对产生新思想和保持自己的创造力很重要，但是这些好像都没有实现。我的工作不错，但没有过多的时间和机会与外部社会交流。"

深度倾听的确认是：

1."你能否告诉我有关你'建立关系网'的方法的更多细节？你最近尝试结识别人了吗？"

2."听起来你希望有更多的时间和机会与外部社会交流，是吗？"

3."大城市缺少友情，你是这个意思吗？"

4."听起来你是在浪费机会，你要做的就是走出去并开始建立'关系网'，如果我是你，我就会立刻行动起来。"

5."好，我们研究一下，你可以参加许多专业组织。下个月将召开每年一度的研讨会，我可以把你列在出席者的名单中，你觉得怎么样？"

谈话 5（男，32 岁）

"说真的，王强确实伤害了我。我一个人受到责备，可实际上共有 8

人涉及此事。他现在到处说我的工作是失败的，他调来之前我在单位有良好的名声。他就是不喜欢我并决意要把我整垮。"

深度倾听的确认是：

1. "你在猜忌王强的所作所为，显然是因为你没有得到你们俩同时申请的那个职务而发泄不满。"

2. "你是对的。如果他愿意，真能成为这样卑鄙的家伙，但我不会用你的态度对待此事。"

3. "他有没有在其他场合企图让你陷入不利的境地？"

4. "如果我没有理解错，你觉得受到了王强的迫害，并认为他蓄意破坏你的名声，是吗？"

5. "对，在此情况下要保护自己。你是否愿意让工会出面帮你？"

正确答案： 1、4、4、2、4。

通过确认将目标转正

教练是成果导向的，教练可以通过深度倾听来确认对方要什么，而不是不要什么。当被指导者把焦点从不要什么转变为要什么的时候，他的能量和状态也会随之发生积极的变化。

在管理领域，目标的正向描述非常重要。所谓正向目标就是你想要的，负向目标就是你不想要的。在现实工作中，被指导者常常错误地把负向目标当作理想目标，比如"我们的目标是不在销售竞赛中垫底""我们要降低客户的投诉率""不要去想红色的气球"等。这些都是负向目标，也就是把不想要的东西作为目标。

当你说"我们的目标是不能在销售竞赛中垫底"时，你的注意力就聚焦到了在竞赛中垫底上。当你说"我们要降低客户的投诉率"时，你的注意力就聚焦到了客户投诉上。注意力聚焦在哪里，结果就在哪里。

我们越不希望看到什么，什么就真的特别容易发生。所以经常会出现这样的现象，当大人对着孩子说"不要把碗打破了"时，往往就会紧接着听到"哐当"一声，碗真的被打破了。

　　在日常工作中，当被指导者提出负向目标时，作为教练要怎么帮助他们把目标转正呢？把不要的改成要的就可以了。比如，"不要在销售竞赛中垫底"，可以改为"在销售竞赛中进入前三名"；"降低客户的投诉率"可以改为"提高客户满意度"；"不要把碗打破了"可以改为"请把碗端稳"。

　　在目标的正向描述上，被指导者还会犯一个错误，就是把症状当成目标。比如，当管理者问下属要聊些什么的时候，下属会陈述一大堆的症状而不是目标，如"士气低落、跨部门沟通不畅、员工执行力差等"。这时你要做的不是问为什么士气低落啊，为什么跨部门沟通不畅啊，而是通过确认的方式帮助对方找到症状后的正向目标。比如，你可以这样确认："团队士气低落——听起来你是希望提升团队的士气，是吧？"或者"跨部门沟通不畅——你是希望跨部门沟通更顺畅，是吧？"或者"员工执行力差——你是希望改善员工的执行力，对吧？"这时候，对方瞬间就从一个抱怨者转变为承担责任的人。

　　如果被指导者提出的负向目标或者症状问题，我们一时间也判断不出来对方究竟要什么，或者是我们确认了对方的正向目标，但对方否认了，这时候我们怎么办？我们还可以通过提问的方式直接问被指导者："针对你刚刚所说的，你期待的结果是什么？你期待的理想目标是什么？"通过提问让对方直接陈述他的理想目标。

　　负向目标转正的技巧在生活中一样有借鉴价值。夫妻之间的对话要尽量表达正向目标，而不是抱怨。比如，老婆对老公说："双休日你总是加班，从不陪我。"这句话不仅讲得很绝对，用了"总是""从不"这样的词语，而且带着指责的口吻，老公听了很不舒服，立即对抗："什么叫

从不陪你啊，我以前不是经常陪你吗？"这时争吵就开始了。老婆应该
怎么说呢？老婆应直接表达正向目标："老公，我希望你这个双休日能
陪陪我。"这种表达就有了积极的效果。老公的表达也是一样的，不要
说"老婆，不要对孩子发脾气"，而要说"老婆，我希望你能和孩子心
平气和地沟通"。夫妻之间通过表达正向的目标，而不是互相抱怨，可
以大大改善彼此的关系，因为对方很清楚地知道你究竟要什么，而不是
不要什么。

　　除了要表达正向目标之外，我们还要善于将对方的负向目标转正。
同样，老婆对老公说："双休日你总是不陪我。"老公可以这样来转正：
"你是希望我这个双休日能陪陪你是吗？"如果不理解对方的意图，老
公也可以直接提问："你对我的期待是什么呢？"通过这种方式，彼此
回到正向的目标上来。一旦有了目标，接下来就可以探讨如何达成目
标了。

适合深度倾听的场景

　　很多人在了解了深度倾听后，感受到了深度倾听的魅力，在任何场
景下都要使用深度倾听，想通过这样的方式试图去理解每个人。但是很
多情况下，即使做到了深度倾听的要求，还是不能做到深度倾听，这是
因为选错了使用情境。想要更好地实现深度倾听，首先你得学会选择适
合的场景。我们说善于沟通的人听得出对方没说出来的话，听得懂对方
的言外之意，但这一切都是建立在一个合适的场景中的。

　　现代管理学之父彼得·德鲁克曾说过："一个人必须知道该说什么，
一个人必须知道什么时候说，一个人必须知道对谁说，一个人必须知道
怎么说。"一个合适的沟通场景可以让倾听者更容易去倾听对方的真正意
图，可以让讲述者更好地去讲述自己的真实想法。

　　想要提高自己对深度倾听场景的敏感度，没有别的快捷办法，只能对深度倾听多加练习，这是一个需要积累的过程。当你对各种场景都非常熟悉，并且培养了对合适情境的敏感度时，就可以快速捕捉到适合深度倾听的机会，不再出现沟通的障碍，让谈话变成一场高质量的交流。

　　但是要注意一点：倾听不是万能的，也不是所有问题都能通过深度倾听来解决。首先，当对方的心扉已经打开，彼此信任度高时，是不需要进行深度倾听的，因为深度倾听就是为了打开对方的心扉，此时对方心扉已经打开，就可以直接询问得到对方的真实意图。

　　其次，当对方表达的意图清晰，没有言外之意时，也不适宜进行深度倾听。对方已经讲出了自己的真实意图，再进行深度倾听反而画蛇添足，而且可能会引起麻烦。比如有人急匆匆地跑来问你："请问厕所在哪儿？"这时候你进行深度倾听回应他："听起来你是憋不住了，是吗？"对方可能会以为你精神不正常。

　　以下这些场景中进行深度倾听是非常重要的，如果你意识到了当时的情境符合以下几点，你就可以适时地展开深度倾听了：

- ◆ 当人际关系紧张或信任度较低时；
- ◆ 当对话过程掺杂强烈的感情因素时；
- ◆ 当被指导者在说话时有明显的情绪时；
- ◆ 当教练不确定是否了解被指导者的意图时；
- ◆ 当被指导者表达含蓄或有言外之意时。

　　除了以上几种情况外，其他情况下是不需要深度倾听的，尤其是上面说到的对方已经打开了心扉对你无比信任，或者对方表达的意图非常清晰，无须再次确认。深度倾听一定要结合实际情况来使用，不能教条主义地照搬。

◆ 小结

1. 深度倾听

行动教练认为，深度倾听是站在被指导者的立场上听到对方语言背后的情绪和需求等，让被指导者感受到理解和信任，是打开被指导者心扉的技术。

2. 深度倾听的 3R 模式

Receive 接收，要求人们放下自己的想法和判断，一心一意地体会他人。为避免阻碍倾听的效果，应避免过早出现以下 4 种行为：建议、安慰、批判、询问。

Respond 反应，使用语言性和非语言性的要素，让对方感觉到你在听。深度倾听的反应方式是多种多样的，不同的反应有着不同的作用，行动教练最常使用的主要有 6 种：点头、微笑、目光注视、肢体同步、记录、回放。

Rephrase 确认，向对方表示你已经或正在理解对方所说的意思，与对方产生共鸣。行动教练常用的确认语句包括：

让我来明确一下……是吗？

你的意思是……是吗？

换句话说就是……是吗？

我们一致同意的是……是吗？

深度倾听的适用场景包括：

当人际关系紧张或信任度较低时；

当对话过程掺杂强烈的感情因素时；

当被指导者在说话时有明显的情绪时；

当教练不确定是否了解被指导者的意图时；

当被指导者表达含蓄或有言外之意时。

行动教练的核心能力
——有力提问

很多管理者在职场中习惯把自己定位成一个分享型的管理者，他们愿意把自己知道的所有东西都告诉员工。这样的管理者其实算得上是天生就适合当管理者，因为他们愿意成就他人。但有时候这些管理者应该控制一下自己的分享欲，因为比起被告知，员工更适合被提问。

有力提问，启发员工思考

孟子曰："人之忌，在好为人师。"在企业管理的过程中，很多管理者喜欢直接给员工提建议。他们往往忽略了一点：适用于自己的方法并不一定适合别人，经验只代表过去，并不一定能够指导未来。

教练领域普遍认为，与其苦口婆心地给员工提建议，不如尝试用提问的方式来启发他们思考。强有力的提问能使员工超越过去的经验模式，探索未知的领域，寻找更广阔的资源，真正实现激励与改变。

但在企业管理的过程中倡导多提问是有困难的。因为在传统观念中，提问，尤其是提出有挑战性的问题，往往会被人认为是粗鲁无礼、刁难他人的行为。许多人在小时候就是这样的"受害者"，当他们问一些让老师或者家长回答不上来的问题时，必然少不了一顿训斥，这也导致很多人从小就丧失了好奇心和提问的能力。

管理者更加不擅长提问。因为在他们成为管理者之后，往往会觉得"我有答案"远比"我有疑问"重要得多。他们认为提问就代表自己的能力有限，也会让别人觉得他们缺乏经验。他们认为自己有义务去帮助员工解决所有的问题，代替员工找到问题的答案。这种错误的观念不仅极大地影响了员工独立解决问题的能力，也导致员工的责任感降低，增加了员工的惰性。

近年来，基于提问行为而发挥作用的体验学习、引导技术、教练技术、复盘技术、经验萃取、行动学习等在企业中越来越流行，越来越多的企业开始意识到提问的价值。在教练领域，提问被认为有四大价值：

第一，提问本身就是教练的价值所在。教练就是运用一系列启发思考的提问支持被指导者自行探索答案。教练会在教练过程中对被指导者进行提问，这使得被指导者必须思考，可以展望自己的未来，也可以回忆自己的经历。被指导者思考过后的回答，是对自己的思路整理后做出的，而回答反过来也会促使被指导者进一步思考，思考的背后其实就是成长。

当管理者向被指导者提出了一个有分量的问题时，其实是给他们提供了一个从其他角度审视自己的经验和资源的机会，可以帮助他们意识到自己原来拥有很丰富的经验和资源。因为被指导者通常会在自己熟悉的领域里寻找答案，这存在很大的局限性。提问的作用就是破除这种局限性，扩大被指导者思考的领域和方向。所以我们常说，被指导者思考问题的广度和深度是由教练提出问题的广度和深度决定的。

第二，好的提问往往隐藏着答案。爱因斯坦说："提出一个问题往往比解决一个问题更重要，因为解决问题也许仅仅只是一个数学上或者实验上的技能，而提出新的问题、新的可能性，从新的角度去看待旧的问题，却需要有创造性和想象力，它往往标志着科学的真正进步。"在管理领域也是一样的，提出一个好问题胜过给出一个好答案。

◇ **经典案例**

现代管理学之父彼得·德鲁克是一位伟大的教练，他教练过的人都是顶级企业的CEO，比如杰克·韦尔奇。杰克·韦尔奇曾表示，在通用电气公司最困难的时刻，是德鲁克的两个简单的问题引起了他的思考，从而帮他做出了惊人的成绩，帮助通用电气渡过难关，创造辉煌。

当时，杰克·韦尔奇刚刚担任通用电气公司的CEO，下面有200多个事业部，韦尔奇对管理工作的开展一头雾水。在这样的背景下，韦尔奇前去求助德鲁克。德鲁克问韦尔奇的第一个问题是："如果你今天还没有进入这一业务领域，你还会投入资源来争取进入吗？"第二个问题是："如果答案是不，你将采取什么行动呢？"这两个问题让韦尔奇一下子想明白了。于是他取消了通用电气公司所有不赚钱的业务部门，只做在行业排名中数一数二的产品。由于这一举措，韦尔奇在担任通用电气公司

CEO 时，将通用电气公司的市值提升了 24 倍。

一个好的问题往往胜过一个好的答案，因为答案就隐藏在问题的背后。通过提问让对方自己找到答案，这种成就感和喜悦感远超过他被动接受一个现成的答案。

第三，提问也体现了管理者对员工的尊重。在激发员工建立自信并独立解决问题方面，提问比直接给出解决方案更有效。当管理者提问时，向员工传递了一个细微的信号：我是尊重你的，也相信你能想出不错的解决办法。提问让员工不再过度依赖管理者，而是自主寻找解决办法。提问可以帮助员工建立自尊和自信，让员工从依赖走向独立。

第四，提问可以给管理者更多思考的时间和空间。在日常工作中，员工经常会问管理者一些问题，有时候管理者也不知道这些问题的答案。如果管理者直接和员工说"我也不知道"，则对管理者建立自信心是很大的挑战。这时，提问就可以帮助管理者打破这样尴尬的局面。管理者可以先问对方一个问题，在对方思考和回答时，自己在脑海里思考一下问题的答案。而且，对方的回答也有可能启发管理者想到答案。

◇ 经典案例

我的一名学员和我分享了他的"悲剧"故事，放在这里讲是希望在大家面对难题时能得到一些启发。这名学员是某银行的行长，听说有位大客户前段时间生病住院了，这两天刚刚回来工作，于是该银行行长买了一份礼物前去探望。

一开始两个人聊得比较好，但当这位行长把礼物放到桌子上的时候，客户这样回他："我已经够悲剧的了，你怎么又送个杯具给我呀？"原来这位行长买了一个保温杯当礼物，这个保温杯价值不菲，拿来送人是绝对没问题的。但是客户这样说，一下给这份礼物赋予了一个不好的寓意。

银行行长一下子就蒙了，不知道该如何回应，于是他只好把话题岔开，聊了一下工作上的事。最后银行行长离开的时候，没有带走杯子，但是这份礼物也相当于白送了，甚至还有可能给对方留下不好的印象。

假如这件事发生在你身上，你会怎么做？学过教练的人都知道，当不知道某个问题的答案时可以提问，这样不仅可以让自己有更多思考的时间，而且有可能从对方的回答中得到答案。比如，可以问："你知道我为什么送你一个杯子吗？"假如对方说不知道，你还可以说："你再想想看。"

其实很多时候，我们并不需要急着给对方一个答案，我们可以通过提问的方式让对方自己做出进一步的思考。尤其是在销售的过程中，如果客户能够自己找出解决问题的方法，客户会认为是自己做出了正确、明智的选择，而不是我们推销给他的。

三多三少原则，问出有力量的问题

提问可以帮助被指导者深入思考、探索答案，但并不是所有的提问都可以帮助被指导者探索答案，必须是有质量、有启发性的提问。为了方便区分，行动教练对有力提问做了如下定义：有力提问是指通过提出适当的问题，激发被指导者自发性思考，帮助被指导者自行找到解决问题的方法，从而提高解决问题的能力。

有力提问充满智慧，不仅能够支持被指导者开阔视野、扩大思考的领域，更能激励被指导者将想法付诸行动。有力提问改变了上司和下属的身份，上司从专家、顾问的身份变成了陪伴下属进行自我探索的伙伴，下属从答案的获取者变成了独立的探索者、责任的承担者。

有力提问有以下几个特点：

- ◆ 结果导向，澄清目标和方向。
- ◆ 帮助人们进行更广泛和更系统的思考。

◆ 基于教练原则被提问出来，人们因此感到被尊重、被关心和信任。

◆ 通过启发智慧帮助人们快乐学习，而不是引起抗拒。

◆ 推动人们前进以实现其愿望，而不是沉溺在过去找借口辩解。

◆ 通过简单明确的词语激发人们内在的动力。

◆ 常常伴随着沉默，以便于人们可以获得时间思考这些启发性的问题。

◆ 基于真心的关怀和真诚的学习愿望，以便于人们能满足渴望。

◆ 培养专注力，澄清思想，让人们进入一个激情投入的状态。

◆ 从多层次的角度给予人们更多的智慧和更强的想象力，由此指明和勾画出前进方向。

　　想要问出有力量的问题，需要做到三多三少：多问开放式问题，少问封闭式问题；多问未来导向型问题，少问过去导向型问题；多问如何式问题，少问为什么式问题。

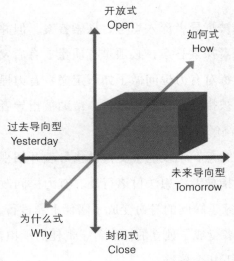

开放式、未来式、如何式提问

　　多问开放式、未来导向型和如何式的问题，其实是要求教练型管理者以学习者的心态和关系来辅导下属。梅若李·亚当斯在《改变提问，改变人生》一书中总结出了一个表格，叫作学习者 / 评判者对照表：心态及关系。从这个表格中可以对比得知，当你处于学习者的状态时，你看待问题的角度会不一样，你会更容易接受自己和他人。反之，如果你处于评判者的状态，你会觉得所有的人或事都不尽如人意。教练的原则要求我们以学习者的身份来对待他人，用开放式、未来导向型和如何式问题引导他人，相信对方可以自行探索出解决方案，我们不是要以评判者的身份来评判对错。

学习者 / 评判者对照表

心态	
评判者	学习者
（对自己或他人）批评指责	接受（自己和他人）
反应式的和自发式的	回应式的和深思熟虑的
责怪	责任
"无所不知"	珍视无知
不灵活且顽固	灵活且容易适应
非黑即白	一切皆合理
自以为是	探询心态
只从自我角度出发	能设身处地为他人着想
维护假设	质疑假设
认为可能性很有限	认为一切皆有可能
主导情绪：自我保护	主导情绪：好奇心强
我们每个人都具有这两种心态，而且我们都有能力随时选择自己要以哪种心态来面对生活	

关系	
评判者	学习者
输赢关系	双赢关系
争论	对话
感觉与自己、与他人是截然分开的	感觉与自己、与他人是密切相关的
害怕差异	珍视差异
将反馈看作拒绝	将反馈看作很有价值
试图从谈话中听到：	试图从谈话中听到：
◆ 不同点	◆ 共同点
◆ 对和错	◆ 事实真相
◆ 同意和反对	◆ 深层理解
寻找机会攻击或防卫	寻找机会解决问题并有所创新
我们每个人都会从这两种关系出发与人交往，而且我们都有能力随时选择要基于哪种关系来面对生活㊀	

㊀ 亚当斯.改变提问，改变人生 [M].秦瑛，译.北京：机械工业出版社，2015.

多问开放式问题，少问封闭式问题

开放式问题就是没有标准答案的问题。开放式问题的特点是具有多种答案或答案可以用1～10来进行衡量。开放式问题一般是扩散型问题，能够让人们进一步思考，促使人们唤醒潜能。最常见的开放式问题是以"5W2H"为主导的问题，"5W2H"分别是：What 什么、Why 为什么、Who 谁、When 什么时候、Where 哪里、How 如何/怎么、How many/much 多少。

5W2H

What 什么：参加完教练课程，你最大的收获是什么？

When 什么时候：你觉得什么时候用教练？

Why 为什么：管理者为什么要学习教练？

Where 哪里：教练可以应用到哪些方面？

Who 谁：谁比较适合做教练？

How many/much 多少：关于教练，你了解多少？

How 如何 / 怎么：如何 / 怎么才能成长为一名合格的教练？

对于管理者来说，开放式问题往往能表现出对被指导者的尊重。因为开放式问题包含了对被指导者有能力自己找到答案的期待。这种潜在的激励暗示被指导者有能力、有资源、有方法想清楚问题所在，并独立解决问题。在这种尊重与信任的背景下，被指导者就会积极主动地探索问题的答案。

封闭式问题是指那些只能回答标准答案的问题。这类问题通常会使用是不是、对不对、要不要等词开头。比如问："5 + 5 = 10 对吗？"这个问题只能回答"对"。或者问："5 + 5 等于多少？"答案只能回答"10"。封闭式问题在提问的一开始就决定了最终的答案，所以回答者不需要做过多的思考。如果把问题改成"多少 + 多少 = 10"，就变成开放式问题了。被指导者想到 3，你就给他 7；被指导者想到 4，你就给他 6；被指导者想到了 5 + 5，很好，鼓励他这么做非常好。

管理者在和下属互动的时候如果问封闭式问题，不仅没法启发思考，还容易陷入没有话说的尴尬境地，这也是很多管理者不理解为什么下属总是不能充分表达他们自己的想法。比如管理者在下属面前滔滔不绝地陈词一番，末了问一句："你听懂我的意思了吗？"所有的下属都会点头说："听懂了。"同时对话也就结束了。其他诸如"你觉得我讲的有道理吗""你会努力达成目标吗"这样的一些封闭式问题同样会让对话立即终止。

提问练习

把封闭式问题转换成开放式问题

1. 你觉得这次"行动教练"的培训效果好不好？

老师问学员培训效果好不好，学员只能硬着头皮说好或者还可以，但好在哪里其实根本就不知道。下面是几个参考回答，建议你先自行思考再看答案：

① 你如何看待这次"行动教练"的培训？

② 如果满分为 10 分，最低分为 1 分，这次培训你会打几分？

③ 这次培训和你以往参加的其他培训相比，有什么不同？

④ 参加了这次培训，你最大的收获是什么？

⑤ 你觉得这次"行动教练"的培训，哪些方面还需要改进？

2. 你不能在采取行动前征求管理者的意见吗？

这个问题是典型诱导式的问题，潜台词就是你必须在行动前征求管理者的意见，所以对方只能回答："好的"，但仍旧没有思考。我们可以换成以下开放式问题：

① 在采取行动之前，应该征求哪位管理者的意见？

② 在采取行动之前，如果先征求管理者的意见，会有什么样的好处？

③ 在采取行动之前，你还可以征求哪些管理者的意见？

④ 在采取行动之前，你还可以征求哪些人的意见？

⑤ 在采取行动之前，你还可以做些什么？

如何问出有力量的封闭式问题

有力提问要做到多问开放式问题，少问封闭式问题，但少问不代表不问。封闭式问题在教练领域给人们留下的印象似乎是缺点比较多，因为难以启发对方思考，但是封闭式问题并不是一无是处，只能说在大多数情况下，开放式问题更能启发对方思考。在有些方面，封闭式问题可以起到非常好的作用。

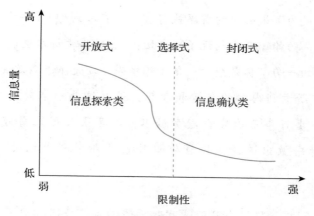

开放式与封闭式提问的限制性

　　首先，当想要通过确认的方式向对方证明你正在深度倾听，而且你的理解和对方的理解是一致的时，就要用封闭式问题进行确认，这样会使对方的心扉更容易打开。其次，当想要在非常多的资料和信息中缩小讨论范围、获取重点和澄清事实的时候，用封闭式提问更容易达到目标。最后，当对方在谈话过程中过于偏离正题时，也可以用封闭式问题适当地终止对方的长篇大论，把对方拉回到主题上来。这是封闭式问题的 3 个用法，但是建议大家不要过多使用封闭式问题，否则会使对方陷入被动回答的模式中，会压制对方表达自我的意愿和积极性，容易让对方产生一种被审讯的感觉。

　　那该如何问出有力量的封闭式问题，让封闭式问题也能启发对方思考呢？可以学习一下苹果公司的史蒂夫·乔布斯是怎么做的。

◇ **经典案例**

　　1983 年，苹果公司 CEO 乔布斯为了让当时百事可乐的总裁约翰·斯卡利加入苹果公司，问了一个著名的封闭式问题。他是这样问约翰·斯卡利的："你是想卖一辈子糖水呢，还是跟着我改变世界？"就靠这句话，乔布斯把约翰·斯卡利挖到了苹果公司，约翰·斯卡利从 1983

年 8 月开始成为苹果公司的首席执行官，一直做到 1993 年才离开。据说离开的时候，约翰·斯卡利说了一句话："我觉得卖糖水也能改变世界。"

乔布斯的一句"你是想卖一辈子糖水呢，还是跟着我改变世界？"点燃了约翰·斯卡利内心的激情和梦想，虽然这是一个封闭式问题，但是乔布斯把卖百事可乐比喻成卖糖水，把苹果公司比喻成改变世界，让他在二者中做出选择，怀有雄心壮志的斯卡利毫无疑问地选择了后者。

有力提问并不是只有开放式问题才能做到，合适的封闭式问题一样可以启发对方思考。但是问出有力量的封闭式问题是有难度的，这要求提问者的知识边界比较宽，对被提问者的行业有深入的了解。而且还要对被提问者内心的想法有非常充分的理解，知道对方真正的需求。

前面的章节我们向狄仁杰学习了不帮员工背猴子的方法，其实狄仁杰还是一个会问开放式问题的高手。

元芳在侦查过案件后会直接向狄仁杰禀告："大人，此事蹊跷。"一般的管理者遇到员工这样说，往往会直接回复："这事简单，你应该这么干……"直接给答案会让事情变得简单，员工得到方法后可以立刻将问题解决。但这样做的挑战是，如果员工按照管理者给出的方法做成功了，员工并不会收获成就感；如果不成功，员工就会把责任推给管理者。长此以往，员工就养成了依赖管理者的习惯。

狄仁杰是教练型管理者，他用一句"元芳，你怎么看"把责任还给了员工。元芳听到这句话时，就会立刻开始思考。时间久了，元芳会适应狄仁杰的这种提问方式，会事先准备一些自己想到的解决方案。所以当听到狄仁杰又这样问时，元芳就会不慌不忙地说："大人，关于这件事，我的思考有 3 点……"当元芳提出了三个自己的想法时，作为管理者可能会觉得很不错，已经很满意了，但这时一定要乘胜追击，继续启发他再多思考一下，激发更多潜能。方法很简单，只要再问 3 个字就可以了："还有呢？"

关于这种方法，很多管理者在实践之后深有体会，员工都是有想法的，只是一般管理者的沟通方式让员工无法表达出来自己的想法。狄仁杰继续提问"还有呢"，就可以不断引导元芳继续思考，得到更多的答案。而听到狄仁杰问"还有呢"，元芳的心里会咯噔一下："还是大人厉害，3 个答案都被他看透了。"这时元芳只能继续思考，稍加思索后，元芳说："还有 3 点……"然而，到这里狄仁杰依然没有停止，他又问了一句："还有呢？"

这时候元芳感受到了压力：已经说了 6 个答案了，但是狄大人还是不满意，有可能还有我没有想到的点。于是他在脑中又设想了其他的可能性，一些之前没有注意到的小细节也被考虑在内了，新的思路冒了出来，于是他继续说："我认为可能还有 3 点……"这时狄仁杰继续问："还有呢？"元芳这个时候真的再想不出来其他的方法了，所以只能回答说："没有了。"

狄仁杰通过简单的 3 个字，让原本只有 3 个想法的元芳，扩展到了9 个想法，元芳自己回头看，也会觉得自己很了不起，因为这些方法都是他自己想出来的。有了这么多方法之后，接下来就要从中挑选出最合适的方法："你觉得这几个方法中，哪个成本最低？哪个效果最好？哪个风险最小？"当元芳按照狄仁杰给的方向思考之后，会给出自己认为最可行的方法。如果狄仁杰经过衡量后觉得没有问题，就会对元芳说 3 个字："去干吧。"

狄仁杰和元芳的对话就是典型的教练式对话，通过开放式问题"元芳，你怎么看"和"还有呢"组成了一个完美的教练模式。管理者可以用这样的提问模式启发有想法、有创造力的员工，让他们自己找出问题的解决方法。通过这样的方式，员工会更有意愿去完成任务，因为所有的方法都是他们自己想到的，这会让他们有更多的成就感。

狄仁杰作为一个教练型管理者，善于通过提问的方式启发下属自己对问题进行思考，自己找到解决问题的方法，从而提高下属解决问题的能力。元芳在提到狄仁杰对他的帮助时说的一句话，用我们现在的教练理论讲，就是："我之所以有今天的成就，是因为在我职业生涯的关键时刻遇到了一个好的教练，他就是教练型管理者狄仁杰。"

管理者也可能会说，我们的员工哪有元芳这么认真负责，这么有想法呀？万一我问他"这件事你怎么看"，结果员工说"小的不才，还请大人明示"，这怎么办？这个时候管理者肯定不能再用"你怎么看"提问了，否则员工会说管理者就会这么一招。很多时候下属想不出答案，是因为目标不够清晰，所以管理者可以回到目标中来，根据目标进行提问，可以问："关于这件事情，你的理想目标是什么？""为什么要实现这个目标？"这样的提问可以让员工明晰目标是什么，以及目标背后的意义和价值是什么。目标一旦清晰了，接下来就要提问："那我们该如何实现目标？"这时员工就会有新的思考，一旦有了答案，管理者紧接着就要问"还有呢"，启发员工进行更多的思考。

会有一部分员工在目标清晰的情况下，还是无法探索出答案，他们可能会说："目标是很清楚，但目前还有很多困难摆在眼前无法解决，所以我不知道该怎么做"这个时候管理者可以从目标回到现状进行提问。还是以元芳和狄仁杰为例，狄仁杰可以这样问："你刚刚说此事蹊跷，究竟蹊跷在哪里？""你觉得目前影响目标实现的关键因素有哪些？""你目前遇到的最大的挑战是什么？""有哪些资源可以帮助你实现目标？""在解决这个问题上，你有哪些优势？"管理者通过对现状的提问，帮助下属厘清影响目标实现的关键因素，并发掘自身的优势和资源。问完这些问题后再提问："元芳，你怎么看？"

需要特别提醒的是，千万不能把"还有呢"用成"还有吗"。其实

"还有吗"是一个封闭式问题，如果管理者问"还有吗"，那员工只要回应"没有了"就没有下文了，无法启发员工的思考。而"还有呢"是一个开放式问题，让员工有更多思考的余地，并且暗示员工必须给出相对具体的回答。

多问未来导向型问题，少问过去导向型问题

未来导向型问题也被称为未来导向型提问，一般是针对未来前景和可行性的提问，是帮助对方获得希望的提问。未来导向型提问可以很好地揭示某项选择或决定背后的价值，询问关于未来重大选择的细节或思考过程，对于理清思绪、启发智慧和激励行动有很积极的作用。

未来导向型用语有两种：第一种是目标类。比如，你期待的理想目标是什么？什么是你最想要的？你希望成为什么样的人？第二种是时间类。比如，下一步你准备如何行动？3个月后你会看到什么不同？3年后的你将会是什么样的一个人？

过去导向型问题是聚焦于过去的提问，这种提问反映了提问者的判断型心态，表明提问者非常在意过去的事情和负面体验，一定要找到一些问题的责任人，这是一种非输即赢的思维。过于关注责任的归属，容易让被指导者辩解并建立起防御心态。

未来导向型提问更注重未来的行动和可行性，它可以让员工更有信心，这也是管理者在平常的工作中需要高频率使用的一种提问方式。由于梦想、愿景以及期待在未来，所以未来导向型提问更能帮助员工创造可能性。

- 你所期待的理想目标是什么？
- 什么是你最想要的？

◆ 我们从中可以学到什么并继续进步？

◆ 我们可以怎样让它实现更好的效果？

◆ 下一步你准备如何行动？

◆ 如果你持续这样行动，3 个月之后会有什么不同？

◆ 当你退休的时候，你会怎样看待这个阶段的变化？你会告诉现在的你什么？

提问练习

将过去导向型提问改成未来导向型提问

是不是又出问题了？

他们怎么总是这样？

这是谁的错？

之前你一直不敢面对的是什么？

回顾过去，你最突出的缺点是什么？

这个经历对你来说最痛苦的是什么？

过去 3 个月，最困扰你的问题有哪些？

我们针对其中的一个问题来进行练习，看如何把一个听着伤心的问题，改成一个让对方瞬间能量满满的问题。

过去导向型提问

这个失败的经历对你来说最痛苦的是什么？

未来导向型提问

◆ 从这个经历中你学到了什么呢？

◆ 假如再给你一次机会，你会做一些怎样的改变？

◆ 你期待的理想结果是什么呢？

◆ 假如时间过去了一年，一年前的你充满能量，你会对现在的自己说些什么？

◆ 如果以后再遇到类似的经历，你会怎么做？

通过上面的问题对比可以看出，使用未来导向型的问题可以帮助对方关注自己的未来发展，帮助对方把握好今后的正确方向，而不是纠结于过去的不足。

如何问出有力量的过去导向型问题

少问过去导向型问题，是因为过于重视和纠结于已经发生的事情，容易让被指导者陷入后悔和懊恼的情绪中。所以建议教练少问过去导向型问题，但少问不代表不问，有时候问一些适当的过去导向型问题可以帮助员工建立信心。

想要得到对方愉快的回应并激发对方的内在动力，可以询问对方过去的高峰体验。高峰体验是马斯洛在他的需要层次理论中创造的一个名词，是指人们在追求自我实现的过程中，基本需要获得满足后，达到自我实现时所感受到的短暂、豁达、高能量的体验。处于高峰体验中的人有一种比其他任何时候更加统一、完整、浑然一体的自我感觉。

◇ **经典案例**

国外的一个小镇上有一个很大的湖，有人说在湖里看到了水怪，并拍了照片发布在报纸上。有个年轻人对水怪充满了好奇，非常想知道水怪长什么样。于是他辞去了工作，花光了自己所有的钱买了一条船，每天在湖上划来划去，希望能够看到水怪的样子。20年过去了，年轻人变成了中年人，有一天他看到报纸上的一则新闻，说报纸上发布的水怪的照片是假的，是发照片的人自己弄了一个模型在水里。看到这则新闻的中年人惊呆了，他望着平静的水面，心里一片空白，感觉大半生的时光都虚度了，之后一度陷入抑郁。

假如你是他的好朋友，这个时候你会怎么安慰他？聚焦过去的负面体验肯定不行，比如，说：你觉得大半生都虚度了，可是后悔又有什么用呢？难道你还要一直虚度下去吗？

他的朋友是这样安慰他的：

"当初你那么坚定地来到这里，到底是为了什么？"

"这些年你流连在湖面上，体验过别人没有体验过的东西是什么？"

"这些年你经历过这么多事，最令你骄傲的事情是什么？"

"假如这段经历是上帝给你的一份礼物，你觉得上帝是为了让你体验什么呢？"

这些问题一下子激发了他的内在动力，让他进入高能量状态。20年来，他一直在这里享受着自由的生活，熟悉这里的一草一木，了解这里的风土人情，还拍了无数张美丽的照片，这些都是他最宝贵的资源，他完全可以利用这些资源创造更大的价值。于是他立即行动，离开了大湖，到附近的小镇上安顿了下来，他把自己这些年的探险经历写成了一本书，书名叫《寻找水怪——一个探索者的20年心路历程》。这本书非常畅销，他也因此赚了很多钱。他把这些年在湖面上拍的照片拿来办摄影展，参观的人络绎不绝。他还把那条船命名为"水怪号"，开始做旅游项目，因为他对这个大湖非常熟悉，并且每到一个地方都能讲出一段探险故事，所以他的游客特别多。他成了这个小镇上最有趣的人，也成为一个身价不菲的有钱人，后来他娶了一个美丽的游客并生了孩子，在这个小镇上幸福地生活着。

高峰体验的问题让这个人从抑郁中恢复，也让他更加心平气和，目标更加集中。处于高峰体验中的人比其他任何时候都更富有责任心、更富有主动精神和创造力，更加感到自身就是自己行动和感知的中心。他更加真切地感到自己就是第一推动者，自己决定着自己的一切，而不再是被支配的弱者。所以想要问出有力量的过去导向型问题，可以用提问对方高峰体验的方式来唤起被指导者的勇气和信心。

多问如何式问题，少问为什么式问题

如何式提问就是含有"如何"和"怎么样"等词语的提问，这种提问的特点是可以帮助被指导者积极面对现状，不会造成抵触情绪。如何式问题是三类问题中最简单的一个，只要在问题里加上"如何"或"怎么样"等词语就可以了。如果想要帮助对方探索出行动方案，不妨用大量的如何式问题来引导对方：

- 为了达到这个目标，你打算如何去做？
- 你将如何应对目前的挑战？
- 你将如何得到你想要的结果？
- 你将如何开始第一步？
- 假如最擅长这个问题的李博士在这里，他会建议你怎么做？
- 你的客户站在他们的角度会如何看待这种情况？

为什么式问题就是以"为什么"开头的问题。教练建议管理者少用为什么式问题，多问如何式问题，因为为什么式问题往往会关闭对话的大门，缩小了答案的选择范围，限制了对方探索不同可能性的范围。"为什么"这个词是和之前的选择相关联的，使用这个词就会促使人们进入辩解或者合理化的模式，人们会本能地保护自己，对过去的选择加以解释。

如果有人问"你为什么上班迟到了"，你会怎么回答？大多数人会合理化自己的行为，比如"今天公交车来迟了""路上特别堵""早上闹铃没有响"……这就是为什么式问题引发的辩解，而任何结果都是可以在事后被辩护和合理化的。

所以，每当人们被问"为什么"的时候，他除了感受到对方的咄咄逼人外，最想做的就是绞尽脑汁地想该如何进行解释。这样会让对话之门关闭，问题也得不到解决。之所以会出现这样的现象，是因为为什么式问题常常暗示着这个人是错误的。当人们感觉到你在暗示这一点时，他们会觉得你在质疑他们，于是会陷入对自己的解释和防卫状态。这在无意间把对方推向我们的对立面，这样一来对话也陷入了僵局。

其实，要从过去得到更加积极的反应，并将其用在对未来做出有效的转变上，只要转换思维，换一种提问方式，就会产生积极的效果：将为什么式问题转换成如何式问题。例如，不要问"为什么会出现这种情况"，而要问"如何应对这种情况"；不要问"为什么还没有达标"，而要问"如何才能达标"；不要问"为什么没考好"，而要问"怎样才能考好"。

为什么式问题容易让人感觉到你还在纠结于过去的错误，而如何式问题给了对方更多思考的空间，激发了对方思考的欲望。而且如何式问题改变了为什么式问题的提问语气，让对方感受到了信任和支持，不会让对方产生对问题的抵触情绪。对方从心里认同和相信，沟通就会事半功倍。

提问练习

将为什么式问题改成如何式问题
问：

◆ 为什么事情没有进展？

◆ 为什么又没有完成目标？

◆ 为什么要拒绝那份工作？

◆ 为什么不和上司谈谈？

◆ 为什么不和对方确认一下再行动？

答：

◆ 如何才能让事情有进一步的进展？

◆ 如何才能完成目标？

◆ 如何才能让你接受那份工作？

◆ 怎样才能和上司开展有效的对话？

◆ 为了让行动和对方的需求一致，在行动之前你该如何做？

作为管理者，有时候需要了解问题背后的原因，尤其是下属出错的原因。以前的做法是连问 5 个为什么，但事实上，大多数人被问到第二个为什么时就已经很抗拒了，那如何既能了解原因又不会让对方产生抵触情绪呢？行动教练的建议是把"为什么"改为"是什么"。从"为什么"到"是什么"，管理者的状态一下子变得中立了，不是在评判对方的对错，而是邀请对方一起来分析探索。这个时候，下属从防备的状态进入自信的状态。一个人只有在自信的情况下才会主动承担责任，下属才会把主观和客观的原因全部表达出来。

提问练习

将"为什么"的问题改成"是什么"的问题
问：

◆ 为什么事情没有进展？

◆ 为什么又没有完成目标？

- ◆ 为什么要拒绝那份工作？

- ◆ 为什么不和上司谈谈？

- ◆ 为什么不和对方确认一下再行动？

答：

- ◆ 是什么原因使得事情没有进展？

- ◆ 是什么因素影响了我们完成目标？

- ◆ 你拒绝那份工作的原因是什么？

- ◆ 是什么原因让你没有和上司谈谈？

- ◆ 是什么使你没有在行动之前和对方确认一下？

如何问出有力量的"为什么"问题

　　追究过去错误责任的"为什么"问题往往会引发辩解和对抗，但当"为什么"用来探索事情背后的意义和价值时，同样可以启发对方思考。例如，"为什么你到现在都没有学会行动教练"就会引发辩解和对抗，但改成"为什么你如此重视行动教练的学习呢"则会引发对方对事情价值的思考。

　　为什么实现这个目标对你那么重要？

　　为什么你特别希望能获得这项荣誉？

　　为什么一个卓越的管理者要善于提问？

　　为什么我们必须保持管理的弹性？

　　这样的问题会引出目标与成果的价值，以及对于未来的重要选择。提问背后的原因和思考的细节是极其重要的，可以通过提问"为什么"的问题帮助对方理清思路，并达到激励对方的效果。问"为什么"问题时，语音和语调也非常重要，同样是"你为什么这么做"，用责备的语气和好奇的语气产生的效果是不一样的。

打破自我限制的假如型提问

改变过去的模式并不容易，尤其是在限制因素比较多，或者是自我设限的情况下。但如果使用"如果"等假如型的提问方式，可以化解当事人的压力，找到突破口。教练领域的研究发现，当我们把注意力从难以发现创造性想法的结构里，转移到充满创造性的潜意识空间时，就容易创造新的可能，假如型问题就可以帮助我们摆脱心理的束缚和负担。

行动教练常用的假如提问法针对按钮式问题（奇迹式问题）、时间转换式问题、观点转换式问题和放大成果式问题4种问题类型。

对于按钮式问题或奇迹式问题，管理者可以这样问："假如你按下一个按钮，完美的项目方案将会出现，你会看到一个什么样的项目方案呢？""假如一夜之间有奇迹发生，所有的困难都解决了，你的做法将有何不同呢？""假设变革之风吹过公司，所有那些令人心烦的旧问题烟消云散，给一系列新的选择留下了空间，你将会做些什么不同的事情呢？"

按钮式问题之所以有效，是因为假设以往的问题都被解决了，留下了人们可以充分发挥想象的空间，这可以帮助人们创造出一种轻松的体验，这种体验有助于创造"困难将会被克服"的期望。这种期望一旦产生，就会帮助下属以一种能够引导这种期望实现的方式来思考和行动。

对于时间转换式问题，管理者可以这样问："假如时间过去了三个月，你已经从这段经历中走出来了，回过头来看这段经历，你有什么新的想法？""假如时间可以倒流，你又回到了从前，你会做出什么不同的选择呢？"时间转换的提问方式，可以让人跳出问题所在的时间点，站在可以学习或是可以改变行为的时间点来看待问题，可以避免一些问题，或是找到更好的解决方案。

观点转换可以从多种不同的角度获取信息，通过改变认知角度来感受他人的观点。使用这种转换技术可以使一个人容易了解别人的观点。

其要领就是在片刻时间内把自己当成别人，来观察自己的反应。对于观点转换式问题，管理者可以这样问："要是精通这行的李博士在这里，你觉得他这个时候需要考虑的最重要的事情是什么？""要是今天你的销售经理在这里，你认为他的底线是什么？""要是你现在具备张总的能力，你会做出怎样不同的事情？"

放大成果就是通过时间积累或持续改进的方式，让小成果变成大成果，让被指导者看到变化。对于放大成果式问题，管理者可以这样问："假如你每天都读 1 小时专业书籍，你觉得一年后你的专业方面会有什么不同呢？""假如你每天都抽 15 分钟的时间来和下属谈话，你觉得一年后会产生什么样的变化呢？"

在平时的教练辅导中，假如提问法可以和开放式问题、未来导向型问题以及如何式问题组合使用，会让这三类问题变得更有力量。比如，"你的想法是什么呢？"可以换成："假如你的想法至少有 5 个，那会是什么呢？"又如，"你期待的理想的结果是什么呢？"可以转换成："假如到了年底，你期待的理想结果都实现了，你会看到什么、听到什么、感觉到什么呢？"再如，"你将如何行动呢？"可以转换成："假如所有的困难都消失了，你将如何行动呢？"

销售时如何提问

美国 Huthwaite 公司的销售咨询专家尼尔·雷克汉姆和他的研究小组分析了 35 000 多个销售实例，与 10 000 多名销售人员一起到各地工作，观察他们在销售会谈中的实际行为，研究了 116 个可以对销售行为产生影响的因素和 27 个销售效率很高的国家，历时 12 年，于 1988 年正式对外公布了 SPIN 提问法——这是全球销售技能领域中最大的研究项目成果。SPIN 提问法最常用于大客户销售或顾问式销售，它教会我们面对大订单顾客时该如何提问、何时提问，以及如何一步步促使顾客明确需求、做出购买决定。

雷克汉姆研究发现，在大宗生意中，大多数购买行为的发生都是基于买主的不满达到了非常严重的地步，并且和解决问题付出的成本基本持平时才会发生。成交的关键在于你能发现并理解买方的隐含需求，即难题和不满，把需求放大并且转换为明确的需求。这种明确的需求就是对方希望有人可以提供一个方案，能够解决令他们觉得棘手的问题，而你的产品或服务刚好可以满足它。[○]

SPIN 提问法就像是销售人员手中的地图，为销售人员开发客户指明方向，让销售人员一步步接近目标，直到明确需求。SPIN 提问模式的根本意义在于通过一系列精心设计的提问来挖掘客户的潜在需求，使对方意识到购买你的产品能够为他带来巨大的价值。SPIN 是由四个英文单词的首字母组合而成：Situation 背景性问题、Problem 难点性问题、Indication 暗示性问题、Need 满足需求的问题。

Situation 背景性问题，即有关买方现在的业务和状况的事实或背景。例如，"你们这些设备用了多久了？""贵公司近期的发展计划是怎么样的呢？""你们曾经采购过哪些领导力课程？"需要注意一点，尽管背景性问题对于收集信息大有益处，但如果过多询问就会令买方感到厌倦或者恼怒，因此提问背景性问题时要把握两个原则：一是数量不能太多；二是目的明确，提问的内容以能够转换成明确需求并且现有产品或服务可以解决需求为主。

Problem 难点性问题，即发现客户的难点、痛点和不满。例如，"过去你们实施过的管理培训中最大的挑战是什么？""贵公司对老设备最担心的是哪些方面呢？"难点性问题为开展销售提供了许多原始资料，不过在与潜在顾客建立一定程度的信任之前，尽量不要问过多的难点问题。

　○　雷克汉姆 . 销售巨人 [M]. 石晓军，译 . 北京：中华工商联合出版社，2010.

Indication 暗示性问题，即扩大客户的难点、痛点和不满，让对方意识到问题的严重性并揭示可能造成严重后果的问题。例如，"这个问题对你们的长期利益有什么影响？""这对客户的满意度有什么影响？"暗示性问题就是通过暗示顾客难题的严重性，使难题的严重性大到足以让客户必须付诸行动的程度。询问暗示性问题的困难在于措辞是否恰当和问题的数量是否适中，它往往会使潜在顾客的心情沮丧、情绪低落。在确认背景性问题和难点性问题之前尽量不要使用暗示性问题，否则会使潜在顾客产生不信任感，导致被拒绝。

Need 满足需求的问题，这类问题通过描述可以解决顾客难题的行动方案，让顾客主动说出这些方案可以给他带来什么价值。例如，"将运行速度提高 10% 的好处是什么？""如果我们可以为培训带来可见的成果，对你会有怎样的帮助？"

使用 SPIN 提问法时，销售人员最容易犯的错误就是在探索问题的严重性之前过早地介绍行动方案，这会为开发需求设置障碍。因此，问此类问题的最佳时机，是在买方了解了问题的严重性后，提供行动方案之前。人生处处是销售，把自己的想法、建议、方案推荐给他人都属于销售行为，但利用 SPIN 提问法进行销售就是让客户自己主动思考自己的问题，从而找出自己的需求和产品之间的契合点。这种选择是客户自愿的，因此成功率更高。

面试时如何提问

很多管理者困惑于面试时很难了解对方的真实细节，对方针对你提出的问题总是夸夸其谈，好像很懂的样子，可是真的来工作了，就不是那么回事了。有什么样的好问题可以帮助管理者在面试的时候了解对方的真实情况呢？STAR 提问法就是一个面试提问的好工具。

面试的时候，有些面试官会问这样的问题："你能吃苦耐劳吗？""你能否接受我们公司的文化？""你觉得创新重要吗？"这类问题一看就知道是封闭式问题，获得的信息太少了，更谈不上得到真实的信息，只是引导应聘者给出面试官想听到的回答。当然，面试官可以问一些开放式的问题："请描述你在工作中遇到较大困难的一个案例。""你怎么看待我们公司的文化？""请讲述你印象最深刻的一次成交的案例。"这些开放式问题的好处是可以获得应聘者更多的信息，但是挑战是，通过这些提问得到的回答都可能包含虚假信息，或是经过掩饰的信息。

这时候可以使用 STAR 提问法，让回答者进一步补充细节信息，这些细节信息是不容易掩饰的。STAR 是以下四个英文单词的首字母组合：

Situation 情境。你可以这么问："当时的情境和背景是怎样的？"这类问题能帮助你了解应聘者从事过的某个事件所处的背景。

Task 任务。你可以问："当时要完成什么任务？面临着什么问题要解决？"这类问题能帮助你了解应聘者为完成上述事件所承担的工作任务。

Action 行动。你可以问："当时你采取了什么措施？具体行动是什么？"这类问题能帮助你了解应聘者为完成上述工作任务所采取的行动。

Result 结果。你可以问："具体结果如何呢？"这类问题能帮助你了解应聘者在完成上述工作任务后得到的结果。

举个例子，假如你想了解应聘者胜任新的工作任务的能力，你就可以问："请分享一件你在上一家单位通过学习很快胜任新的工作任务的事。"接下来可以用 STAR 提问法进行追问：

（1）当时面临什么样的挑战？——Situation 情境。

（2）你要从事的工作任务是什么？——Task 任务。

（3）接到任务后你是如何处理的？——Action 行动。

（4）你最后完成任务的情况怎么样？—— Result 结果。

使用 STAR 提问法一步步挖掘出应聘者的信息，为决策提供正确和全面的参考。这既是对企业负责（招聘到合适的人才），也是对应聘者负责（帮助他尽可能地展现自我、推销自我），帮助双方获得一个双赢的结果。

再举个例子，应聘者说："我做销售一直做得很好。"你就要追问情境问题："你以前主要销售哪些产品？你们公司有几个销售人员？你们公司的产品是通过什么渠道销售的？销售的区域需求量怎么样？"然后再问任务问题："你的销售任务是什么？具体的销售指标是多少？"接着再问行动问题："你采取了什么行动来保证销售额？请描述一个让你印象最深刻的销售案例，当时你是怎么做的？"最后要问结果问题："你的具体销售额是多少？你的销售排名情况怎么样？有什么指标来判断你是最优秀的销售员之一？"

在具体使用 STAR 提问法的时候，要注意以下几点。

首先，多问过去，少问未来。和行动教练提问原则里面的"多问未来，少问过去"的理念不同，STAR 提问法的依据是"过去的行为是未来行为的最好预言"。STAR 提问法用的是"多问过去，少问未来"的方式。从应聘者过去的行为来判断他说的是不是真实、有效的，否则应聘者会夸夸其谈，你也无从判断。比如，你问应聘者"未来三到五年你有什么计划"这个问题的意义不大。应聘者心想，公司肯定是希望我能有所发展，他就会说："未来三到五年我要学习很多知识，要掌握管理能力，要增加专业技能……"这些都是你希望听到的，却不意味着他真的会这么做。这一类未来导向型问题要尽量避免，从这些问题中看不出应聘者的任何行为表现。

其次，避免多问假设性提问。比如，你问应聘者"如果遇到……的情况，你通常会如何处理"这个问题是让应聘者做命题作文，应聘者就会给出一个标准答案，问了也等于白问。又如，你问应聘者："在面对多任务的情况下，你通常会做什么？"应聘者会回答："我在面对多任务的情况下，通常会先做好计划，然后分析，看看哪些是重要的，哪些是紧急的，再针对不同的情况采取措施。"答案非常完美，但他是否真的是这么做的呢？你是不会知道的。

总结一下，STAR 提问法就是组合四类问题进行提问，分别是情境问题（Situation）、任务问题（Task）、行动问题（Action）、结果问题（Result）。运用这四类问题，能够更好地了解应聘者的详细信息和真实细节，帮助管理者提高面试效果。

进行深层分析的提问法

ORID 提问法又称聚焦式会话法，是由数据、体验、理解、决定四个层面组成的提问模式。ORID 是由四个单词的首字母组合而成：Objective、Reflective、Interpretive、Decisional。⊖

数据层面（Objective）是关于事实和外部客观现实的问题。这些问题一般是从感官获得的，包括我们看到的资料、认为的事实和观察到的外部客观现实。例如，"过去一年中，团队发生了哪些重大的事情？""这份月度计划中，哪些数据引起了你的注意？"

数据层面的共享，是为了保证大家能够从多个角度共享信息和自己关注的"第一手资料"，确保与会者都是在谈论同一件事情。以往对数据方面工作的忽视，常常导致到了最后大家才明白讨论的根本不是同一个主题，令团队成员陷入事倍功半、主题跑偏的窘境。

体验层面（Reflective）是立即唤起人们对接收到的信息产生反应的问题，有时是情感或感受上的反应，有时是隐藏的想象或对事实产生的联想。这一层面关注的是人的情绪、情感、记忆或联想。例如，"项目中大家感觉最高兴的一件事情是什么？""团队过去半年中有什么事情让你

⊖　施瓦茨.专业引导技巧实践指导 [M].刘滨，等译.北京：电子工业出版社，2016.

感到非常郁闷？"提出体验层面的问题是为了让与会者了解每个人对信息产生的内在反应。这种反应会直接影响参与者的状态。各人反应不同就需要安排一定的时间共同分享大家的内在反应。如果单纯地认为开会就是要解决实际问题、讨论情绪感受是一种浪费，那么压抑的情绪就会突然爆发，直接或间接地影响团队成员的工作状态。处理团队成员的情绪感受，是教练在会议过程中需要面对的巨大挑战。

理解层面（Interpretive）是指挖掘出意义、价值、重要性和含义的问题，是建立在数据资料及体验层面的感情和联想的基础上，提炼出关于事件的理解和价值。例如，"解决这个问题对我们有什么意义？""我们遭遇眼下的困境的关键原因是什么？""我们有哪些创新的做法可以解决这个问题？"

理解层面问题分享的目的是要引起与会者更深层次的反思。我们可以这样理解：对 21 世纪的管理者来说，面对面会议的目的就是要共享团队成员内在的深层思考。许多重要问题的解决与创新的想法，一般到了讨论理解层面的问题时才会浮现出来。这是因为深层思考需要一定时间的积累才会慢慢产生，如果一坐下来就要求拿出方案，得到的往往是敷衍了事。

决定层面（Decisional）是让人们能够对未来做出决定的问题。这个层面关注内在含义和新的发展方向。通常与会者会在这个层面提出几种解决方案以供抉择。在每一次会议结束时，管理者一定要提出决定层面的问题来结束会议，哪怕是一次 10 分钟的晨会，都需要以决定层面的问题来结束："我们今天的工作重点是什么？""如何开展下一步的关键行动？"没有涉及决定层面问题的会议可以说都是在浪费时间。

ORID 提问法的四个层面与人们做决定的过程是一一对应的，它是"感知—反应—判断—决定"的内在自然过程，生活和工作中的各种决定都自然而然地遵守这个过程。从脑科学的角度来看，做决策最重要的器官是大脑以及与之关联的神经系统，这套系统同步进行资料搜集、情感处理、建构意义和做出决定的工作，所以我们的行为正常处于这一过程：观察周围发生的事情，在内心做出反应，利用自身的认知能力理解这件事的意义并做出决定。ORID 提问法遵循这一规律，让会议的过程变得更科学、更遵循人性，最大限度地搜集所有与会者关注的信息，产生直觉、挖掘深层意义，以及做出人们愿意共同去实施的行动：

- 你看到下属提交的报告里面有很多错误数据——数据层面
- 你感到非常生气——体验层面
- 这份报告的质量会影响下一步工作的开展——理解层面
- 于是你立刻打电话通知下属来办公室——决定层面

ORID 提问法的 4 个问题应用到行动教练课程中经常讨论的 4 个问题是：

- 这节课你学到了什么——数据层面
- 此时此刻你的感受如何——体验层面
- 这节课对你的启发是什么——理解层面
- 为了学以致用，你将怎么做——决定层面

彼得·德鲁克的经典五问

现代管理学之父彼得·德鲁克曾说过，我的工作是提问，而你们的工作是回答。提问可以帮助很多企业找到解决问题的突破口，而面对企业家群体，德鲁克有经典的 5 个问题，这 5 个问题是践行了三多三少原则的典范问题：

1. 我们的使命是什么？
2. 我们的顾客是谁？
3. 我们的顾客重视什么？
4. 我们的成果是什么？
5. 我们的计划是什么？ [⊖]

第一个问题：我们的使命是什么？使命是一家公司在社会中存在的意义，是企业发展的原动力，是一家公司终生努力的方向。使命比愿景更加长远，是一家公司除了赚钱以外的其他目标。以微软为例，1980年比尔·盖茨提出了微软最初的使命："让所有家庭、所有办公桌上都有一台计算机。"到了 2000 年左右，微软完成了这一使命。接任盖茨的 CEO 之位的鲍尔默提出："让所有家庭、所有办公桌上都没有一台计算机。"因为时代要求微软必须从 PC 端转型到服务端。到了现任 CEO 萨蒂亚·纳德拉时代，微软的使命变成了"赋能地球上的每个人和每家组织，帮助他们取得更多成就。"微软的关注重点不再是 Windows 和 PC，而是 Azure 和 Office 365 等云计算产品。在老产品线增长趋于停滞的时候，这两款产品正在快速发展。到了 2018 年 7 月，微软市值首次达到了 8000 亿美元，在 2018 年年底，微软市值稳居全球市值第一位。做企业能够牢记使命，才能耐得住寂寞、挡得住诱惑、抓得住机会、想得到方法。有句话是这样说的：小老板谈生意，大老板谈项目，企业家谈使命。

第二个问题：我们的顾客是谁？德鲁克先生说过："企业的唯一目标就是创造顾客，顾客是认为你的服务能给他们带来价值的人。"通常顾客分为两类：外部顾客和内部顾客。外部顾客的生活会因为企业提供的服

⊖　德鲁克，赫塞尔本，库尔 . 德鲁克经典五问 [M]. 鲍栋，译 . 北京：机械工业出版社，2016.

务而发生变化。内部顾客通常包括合伙人、出资人、员工等，通过服务外部顾客而创造价值。

第三个问题：我们的顾客重视什么？不断关注用户更高一级的心理需要，可借鉴马斯洛的需要层次理论。以卖橙子为例，如果只是为了满足顾客口渴的需求，只能卖到 2 元一斤。而褚橙因为创业者背后的故事变成"励志橙子"，满足了自我实现的需要，可以卖到 20 元一斤甚至更高。同样的橙子，满足顾客的需要层次越高，顾客愿意为之付出的成本就越大。

第四个问题：我们的成果是什么？德鲁克先生曾说过："如果你把'功绩'从你的词汇表里抹掉，用'贡献'取而代之，那么你将在经营中获得最佳的成果。"贡献能够使你把工作重心放到客户、员工和股东身上。重视贡献才能使管理者的注意力不为其本身的专长所限，不为其本身的技术所限，不为其本身所属的部门所限，才能看到整体的绩效，才能使管理者更加重视外部世界。

第五个问题：我们的计划是什么？从使命开始到形成整体目标、阶段性目标，形成行动方案、预算方案，最后是评估。整体目标是企业使命落地的具体方式，要求简洁清晰。阶段性目标要具体、可衡量，而且要成为管理者的职责。计划源于使命，始于目标，终于行动方案和预算方案。制订行动方案的目的是实现组织的具体目标，涉及到底由谁执行、如何执行、何时执行。让计划通过共创形成共识，让具体执行的人参与制定具体的行动步骤，从被动执行转变为主动执行。

这 5 个问题虽然简单，却引人深思、发人深省，事关组织运营的方方面面，且适用于任何组织，因而显得异常重要。每个企业管理者都无法回避这 5 个问题，它们帮助了无数企业家拨云见雾，走向卓越。

改善员工工作的 5 个问题

行动教练有一个 5 问题法，这 5 个问题对管理者来说是非常好用的提问工具，它们可以帮助员工改善工作。

问题 1：你的工作职责是什么？ 这个问题涉及下属在组织中的目标及主要职责，通过对这个问题的探讨可以确保下属对其所在组织的目标和主要职责的认知与管理者的认知保持一致。很多时候，员工往往把手头做的事情当成了工作职责，而忽视了工作背后的意义和价值。盖洛普关于提升员工敬业度的 12 个问题中，第一个问题就是："我知道对我的工作要求吗？"可见让员工明晰工作职责是多么重要。这个问题一旦明晰，员工就会很有方向感，知道自己需要做什么以及为什么做，动力也会提升。

问题 2：你在哪些方面表现出色？ 对员工进行教练的一个关键是要对员工的成绩给予积极、及时的认可，这样员工才知道自己哪里做对了、哪些工作可以按照以往的方式来处理。但管理者并不能完全注意到员工做得好的地方，所以管理者应该时不时问员工："你认为你和你的部门在哪些方面表现突出？"

绝大多数管理者在工作中无暇顾及员工，没能给予员工应得的赞许，而员工会因为管理者对他们的成果视而不见而感到灰心丧气。如果问"你在哪些方面表现得出色"，则可以让管理者不错过员工认为自己做得不错的每一项成绩，使管理者在了解情况后能给予员工相应的表扬。

问题 3：你需要改善的关键点是什么？ 管理者需要对员工的未来提出建设性意见，帮助员工不断地改进和完善。但直接给出意见往往会引起员工的抵触，员工是被动执行的，所以管理者应该多问员工："你需要改善的关键点是什么？"这个问题有两个好处：一是关注未来而不是过去，让员工感受到管理者是来支持他成长的而不是来挑刺的，这样员工会获得更多的觉察和能量；二是让员工聚焦于关键的"改善机会"，而不是所有的改善机会，毕竟人的注意力和精力是有限的。

问题4：你需要我提供什么帮助？管理者在问完这个问题后，员工可能会希望管理者帮助他们解决任务中的关键问题点，这个时候管理者不应该一口答应，而是要判断员工是否可以独立解决这个问题。如果这个问题在员工的可控范围内，管理者应该教练员工通过自己的努力去实现。如果这个问题超出了员工的可控范围，管理者就需要帮助员工去完成任务。当员工对管理者的问题没有反应时，比如，说："我也不知道你能帮我什么。"这时，管理者可以先提出建议然后询问员工："你觉得刚刚说的方法中可以借鉴的是什么？"这样员工就会考虑一下是否需要管理者的帮助。通过这个问题，管理者就可以用合适的方式，对真正需要帮助的员工给予支持，同时也能高效地利用自己有限的时间。

问题5：你对我有什么建议？这个问题可以拉近员工和管理者的距离，为管理者改善自己的行为创造条件。实践表明，那些向员工寻求建议的管理者，通过专注改善一到两个关键行为，并定期检查效果，大幅度提高了绩效，也相应提高了员工对管理者的满意度。

传统的管理模式经常被当作单向的独角戏，而5问题法创造了一种双向的教练式对话——让我们来相互帮助。5问题法可以帮助管理者进行更有效的管理，管理者应该根据实际情况灵活地与员工就重要问题定期沟通，并且在紧急的时候能找到对方，这也是大多数员工需要和期望的上下级关系。

对员工表现不满意？管理者必答的黄金三问

在平时的授课或一对一教练的过程中，经常会有管理者抱怨对员工的表现不满意，比如，员工不能按时完成任务、新员工的凝聚力低、老员工的积极性不高……针对这些现象，我们可以用黄金三问来让管理者反思。以管理者抱怨员工积极性不高的这个现象为例：

第一个问题："员工积极性高的标准是什么？你有什么方法让员工清晰地知道积极性高的标准以及获得关于积极性的及时反馈呢？"通常第一个问题就把管理者给问住了。他们的回答往往是："关于积极性高，我确实也没有清晰的标准，只是觉得他们的积极性不高，我也从来没有告诉员工我对他们积极性高的期望值，以及他们的积极性目前处于一个什么样的水平。"当员工既不清楚管理者对他的期望值，也不知道自己目前的表现是什么状态的时候，他们怎么可能提高积极性呢？

第二个问题："你有什么样的流程或工具可以帮助员工提升积极性呢？"这个问题非常有力，让管理者思考自己可以做些什么让一个不积极的人积极起来。在管理过程中，最有效的方法往往都是最简单的，不需要增加人力就可以直接达到提升绩效的目的，这一点非常重要。这也是高绩效企业和低绩效企业的差距。高绩效企业往往有完善的流程和快捷的工具，甚至可以帮助一个没有经验的人快速胜任工作。比如麦当劳，它可以让一个不会炸薯条的人20分钟学会炸薯条，而这样的高效靠的就是流程和工具。所以，与其想着不断地提升员工的能力，还不如思考一下如何给他配置必备的流程和工具。

第三个问题："假如员工的积极性提高了，他会得到什么样的激励和奖励呢？同样，假如员工的积极性不高，他又会面临什么样的后果和挑战呢？"管理者的回答一般都是："积极性高的员工没有额外的激励，积极性不高的员工也没什么损失。"如果一名员工某件事做好了没有奖励，做错了没有惩罚，管理者如何指望员工去把工作做好呢？人都是趋利避害的，完成目标必须有激励，未完成目标的必须承担后果。

这3个问题是全球绩效管理之父吉尔伯特提出的行为工程模型中所阐述的。行为工程模型主要是用来通过改善员工的工作环境而非员工的自身能力来提升员工的工作绩效。吉尔伯特的研究表明，环境因素占了整个绩效影响因素 75% 的权重。而管理者肩负起打造高绩效环境的重要作用。为了提升绩效，管理者必须关注数据信息和反馈，关注流程和工具，关注激励和奖励。

当管理者面临类似的涉及员工表现差、绩效低的一些问题时，不妨思考一下这 3 个问题：

1. 我的员工非常清晰地知道我对他的工作期望，并且有明确的工作反馈和顺畅的沟通渠道吗？
2. 我的员工完全掌握工作的必备流程和工具了吗？
3. 我的员工因工作出色得到更好的精神和物质激励了吗？

3 种教条式提问行为不可取

很多学过教练技术的管理者，最先关注的是"提问的技巧"。正如企业教练所倡导的，教练的作用并不在于直接给出自己的答案，而是为了挖掘被指导者的潜能设计出有效的提问。很多管理者曾经向我索要过所谓被验证过的有效提问列表，但是我无法给出标准答案，因为教练必须因人而异。有效的提问列表我无法提供，但是错误的提问行为倒是有 3 种，管理者需要注意一下。

第一种错误行为：把教练的提问当成口语考试。管理者内心是这样想的："我当然知道这个问题的答案，但是作为管理者我不能直接说出来，我要给你说话的机会，让你自己说出正确的答案。"在提问之前，管理者并没有把这样的信息传达给被指导者。被指导者在回答问题时，明显感受到管理者提问的权威性以及答案的标准性，在压力下激发考高分的心理状态，那么它的结果必然是被指导者像鹦鹉一样顺着管理者的期望说出正确答案。

在心理学上，我们把这种违背自己的意愿，顺应提问者意图回答的现象称为"乖顺综合征"。如此进行教练，尽管答案是由被指导者亲口说出的，但其执行力较差，当然也很难期待被指导者能成长，因为这个答案不是被指导者内心的答案。

第二种错误行为：在被指导者回答错误的情况下，管理者会抑制住心中的愤怒重新提问。同样的问题以不同的方式反复提问，或者要求被指导者重新思考、继续回答。被指导者最终不得不顺应管理者的期待做出回答，此时教练的满意度提高了，但被指导者的不满意程度就会相应加深。

管理者认为自己的忍耐对教练有所帮助，被指导者则认为即使反抗结局也相同，感觉和管理者对抗是得不偿失的。偶尔有被指导者坚持自己的意见，谈话就会逐渐演变为情绪对立的战争，这种情形下就更无法继续进行教练了。

第三种错误行为：当被指导者坚持己见时，管理者会运用选择型或诱导式的提问方法，引导被指导者回答出所谓正确的答案。下面我们来看看某公司被跨国公司并购后，员工难以适应新环境时，他们的管理者是如何进行教练的：

- ◆ "并购对公司来说是好事还是坏事？"
- ◆ "当然是好事了。"
- ◆ "那么个人应该适应公司的变化，还是公司应该回到原来的状态？"
- ◆ "个人应该适应公司的变化啊！"
- ◆ "那么你该怎么做呢？"
- ◆ "我听您的，您说吧。"
- ◆ "我认为你在英语方面需要加强，你觉得呢？"
- ◆ "您说得对，我应该努力学习英语。"

这样的谈话结束后，期望被指导者真正埋头学习英语是很难的。管理者用一连串方向性明显的问题诱导着被指导者，很多的问题是封闭式的，被指导者被动地迎合并做出回答，这种方式很容易让被指导者产生"我正在被教练诱导"的负面感受。

如果管理者对某个问题已有了答案，并确信该答案是最佳的，请克制使用"提问技巧"。管理者应该提示被指导者：自己的答案是作为共享答案，而不是唯一标准答案，并应该为被指导者提供自由表达自己意见的空间和机会。请记住：当问题被提前设定成使被指导者不能回答"no"，只能回答"yes"时，被指导者的回答并不代表真正意义上的认同。

上述 3 种错误的提问行为会频频出现，究其根源是因为很多管理者没有真正理解教练的 3 项原则，也没有做到真正的深度倾听。当教练在被指导者的意见与自己的相左时，只有秉持教练原则并做到深度倾听，提问技巧才会真正发挥作用。好的提问是建立在教练原则和深度倾听基础上的。

下属答不出怎么办

和一些"不给建议"的教练学派不同，行动教练从企业实践出发，提倡 T + C 模式。T + C 可以理解为 Teaching + Coaching 或 Telling + Coaching 或 Training + Coaching 的模式，就是当被指导者缺乏技能和经验时，管理者可以分享自己的经验或者直接给建议；之后立刻回到教练的状态，问"你怎么看"或"怎么想"等。随着教练技术水平不断提高，教练给出建议的频率会降低；随着员工的技能水平不断提高，教练的机会越来越多。当下属确实没有答案时，管理者可以采用 T+C 模式，即便最后的结果仅仅是下属重复了一遍答案，也是经过了思考，所以同样属于教练范畴。

一个优质的提问必须建立在一个正确的时间、恰当的时机、面对合适的人，才能得到我们期待的理想结果。如果出现不适合提问的场景，不妨使用 T+C 模式。下面是 2 个常见的适合使用 T+C 模式的场景，管理者可以参考借鉴。

场景一：被指导者认知不足而无法独立探索问题。假如你是一家公司的管理者，公司最近来了一名实习生，这个时候你问他一些关于公司问题的解决意见就强人所难了。因为一名实习生对公司的了解很少，而且他的专业性远达不到你的水准。问他这样的问题，不仅得不到你所期待的答案，而且可能会产生负作用，会增加他对你的畏惧感。这种畏惧感会持续在他的心里产生作用，并且很难消除，下次你再开展教练式对话的话将异常困难。

教练不解决认知的问题，如果一些问题有标准答案或标准流程可以解决，你可以直接告知对方。针对认知不足的场景，行动教练的建议是，首先可以和对方分享自己的一些经验，让对方对问题有一个初步的了解，或者是直接给出一些相应的建议。当完成这一步以后，再立刻回到教练的状态，通过一些问题，如"你怎么看"或者"你怎么想"来启发他的思考。这样对方在有了之前的一些知识的积淀以后，回答出的答案也将更加接近我们所期待的理想结果，而且他说出来的答案有可能正是你没有想到的解决方案。

场景二：对方强烈要求提供信息或者建议时。例如，在和下属沟通时，下属对某个问题毫无思绪和办法，他的言语之中也透露着希望你能提供一些信息和建议来帮助他的渴求，这时候就不能再去逼迫对方独自思考，而是要先给一点信息或者建议来安抚他的情绪，让他重新找回解决问题的信心，改变他对问题的看法，让他看到问题解决的希望。等他开始思考了，管理者就可以再使用一些提问来引导他继续深入思考，引导他自行找到最终的解决方案。

　　T + C 是 Teaching/Telling/Training 和 Coaching 结合使用的一种方式，既不完全教练，也不完全教授，而是采用二者的结合。当对方缺乏技能时，我们分享一些自己的经验或者是给出一点建议来启发和引导对方，这是一个教授的过程。当对方有所触动后，我们就立刻回到教练的状态，问一些开放式的问题，这是一个教练的过程。这种教授和教练相结合的模式，有助于达到我们让对方自主思考后找到问题的解决方案的目的。

◆ 小结

1. 有力提问

　　有力提问是启发思考的技术，是教练的价值所在：有力提问使得被指导者必须思考；好的提问，往往隐藏着答案；提问也体现了管理者对员工的尊重；提问可以给管理者更多思考的时间和空间。

2. 三多三少原则，问出有力量的问题

　　想要问出有力量的问题，需要做到三多三少：多问开放式问题，少问封闭式问题；多问未来导向型问题，少问过去导向型问题；多问如何式问题，少问为什么式问题。

　　开放式问题就是没有标准答案的问题。开放式问题的特点是具有多种答案或答案可以用 1～10 来进行衡量。开放式问题一般是扩散型问题，能够让人们进一步思考，促使人们唤醒潜能。

　　未来导向型问题也被称为未来导向型提问，一般是针对未来前景和可行性的提问，是帮助对方获得希望的提问。未来导向型提问可以很好地揭示某项选择或决定背后的价值，询问关于未来重大选择的细节或思考过程，对于理清思绪、启发智慧和激励行动有很积极的作用。

　　如何式提问就是含有"如何"和"怎么样"等词语的提问，这种提问的特点是可以帮助被指导者积极面对现状，不会造成抵触情绪。

3. 假如型提问

　　改变过去的模式并不容易，尤其是在限制因素比较多或者是自我设限的情况下。但如果使用"如果"等假设类的提问方式，可以让当事人化解压力，找到突破口。

4. 下属答不出怎么办

　　T + C 是 Teaching/Telling/Training 和 Coaching 结合使用的一种方式，既不完全教练，也不完全教授，而是采用二者的结合。当对方缺乏技能时，我们分享一些自己的经验或者是给出一点建议来启发和引导对方，这是一个教授的过程。当对方有所触动后，我们就立刻回到教练的状态，问一些开放式的问题，这是一个教练的过程。这种教授和教练相结合的模式，有助于达到我们让对方自主思考后找到问题的解决方案的目的。

行动教练核心能力——有效反馈

作为微软的创始人，全球最富有、最有影响力的人之一比尔·盖茨对教练推崇备至。他在 2015 年 TED 演讲中，开场第一句话就是："Everyone needs a Coach."即每个人都需要一位教练，因为我们需要得到别人的反馈，这样我们才能进步。他在演讲中提到，有一群人，他们几乎收不到系统化的反馈信息来提高他们的工作效率，而这群人从事着世界上最重要的职业之一——老师。调查显示，中小学老师们能得到的唯一反馈就是"满意"。对此，他捐献了 5 亿美元给学校，安装了摄像系统，通过摄像系统的反馈，帮助老师更好地改善行为，进而带来教学效果的提升。

有效反馈，促进员工行动

> 不带评判的观察是人类智慧的最高
> 形式。
> ——克里希那穆提（印度哲人）

有效反馈是指对被指导者的行为以及行为的影响，用语言进行描述并传递给对方，是促进被指导者行动的技术。给予反馈对管理者来说是一个很好的沟通机会，不仅能够更了解他人、发展和保持良好的工作关系、取得管理者预期的成果，而且能提高管理者的自我意识。

- ◆ 在日常的工作中，你是否倾向于保留自己对于他人的看法？
- ◆ 在面对不同对象，如员工、同事或老板时，你给予的反馈是否会有所不同？
- ◆ 对于他人的努力，你是否没有给予客观的表扬或批评？

很多人对于这些问题的回答是肯定的，他们不擅长处理反馈，很多情况下宁愿选择回避问题。但事实上，开诚布公地给予反馈的沟通方式会让对方得到学习和成长的机会，能够促进对方行动以及提高未来的工作绩效。

反馈的核心要素是观察，要仔细观察发生的事情，并清楚地表达观察到的内容。这并不是说要始终保持客观，不进行任何评论，只是强调要将观察与评论区分开来。如果混淆了观察与评论，对方容易理解为受到了批评，因而产生防卫的心理。

缺乏反馈是员工产生倦怠感的原因

对员工进行反馈很重要，但大多数管理者都缺乏反馈的知识和意识，如果缺乏反馈，管理者的工作难度就会增加。例如，员工把工作完成得非常好，并且超出了管理者的预期，但管理者没有给予任何反馈，员工就会怀疑工作完成得是否正确。因为缺乏反馈，员工在下一次工作过程中，甚至可能会将正确的事情做错。员工正确的行为没有得到反馈就无法强化。而员工做错时没有得到反馈，同样的错误就会反复出现。所以反馈是管理者提高绩效的一个重要工具，也是一项非常重要的管理技术。反馈是一个重要的激励手段，基于不同的行为和目的，它又被分为两种不同的激励方式：积极性反馈（BIA）和发展性反馈（BID）。

积极性反馈（BIA）是英文单词 Behavior Impact Appreciation 的缩写，是指在员工达标、超出期待以及做出卓越成绩的时候，通过指出被指导者优秀的行为和取得的成果，以增强被指导者自信心的表扬和认可的行为。

发展性反馈（BID）也叫作建设性反馈，是英文单词 Behavior Impact Desired Behavior 的缩写，是指当被指导者有不恰当的行为时，通过指出被指导者错误的行为以及需要改善的地方，帮助被指导者制订改进方案的行为。

这两种行为就是我们常说的表扬和批评，虽然它们听起来非常简单，但对很多管理者来说是非常大的挑战。管理者特别容易犯几个错误：

首先，不反馈，或者叫作漠视。当员工做得特别好的时候，他们也没有特别的表示，还是和往常一样。没有任何反馈，员工的成就感会大幅度降低，甚至在内心怀疑这件事到底有没有做好，时间久了、次数多了，员工的职业倦怠感就产生了。

其次，有些会给予反馈的管理者，往往会以一种非常空洞而且恭维意味十足的方式对员工进行表扬，这样的反馈方式不会起到强化对方行为的作用和价值。行动教练认为反馈很重要，是因为反馈可以让员工保持正确的行为，不用管理者一遍一遍地叮嘱，日后可以自发地完成某项工作，这也是反馈的内在价值。而恭维对方的表扬并不会对员工产生激励作用，反而会让员工觉得很假。

积极性反馈，让员工越来越优秀

积极性反馈简称 BIA，是由三个英文单词的首字母组合而成：Behavior 行为、Impact 影响、Appreciation 欣赏和感谢。

B 代表 Behavior 行为。行为非常重要，积极性反馈首先要求反馈必须讲求行为，因为没有行为描述的积极性反馈就是恭维，就是拍马屁。所以想要用 BIA 来激励他人，要从对方的具体行为开始，积极性反馈必须指出具体行为好在哪里。在能够指出对方做得好的具体行为时，说明你真的关注了对方，这样你的积极性反馈才是真诚的，你的夸奖才有效。

I 是 Impact 影响。说完行为后，要强调对方的行为对他人或团队产生了怎样积极的影响，让他知道他的行为所产生的意义和价值，提高他对做这件事的意愿度和成就感。

A 是 Appreciation 欣赏和感谢。说完行为和影响后，要向对方表达你发自内心的欣赏和感谢。一句简单的感谢，就可以让他人产生巨大的能量。

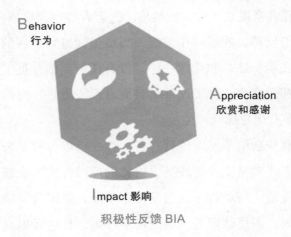

积极性反馈 BIA

每个员工都希望自己的工作是在为公司做贡献，而不是可有可无的存在，所以当员工的行为发生积极的改变时，管理者一定要把这种行为描述出来。一旦管理者这样做了，对方会认为他是受到关注的，而且表扬是针对他一个人而不是对所有人的，会让他感到这个赞扬是独特的。员工被表扬后就知道什么样的行为是管理者认可的，这就意味着类似的事情以后不需要管理者再叮嘱了。

积极性反馈不仅可以激励他人，还可以改变给予反馈的人。当你总是关注事情积极的一面，你会惊奇地发现，你对事情的看法也随之改变了。当你在做积极性反馈时不妨留意一下，看看自己是否也很开心，是否内心也充满了能量。

需要注意的是，有些管理者在表扬员工时经常会说："你这件事做得真棒！"虽然对方也很开心，但是他并不知道究竟哪里做得棒，所以这样的表扬没有实质性的意义。如果能够具体指明被指导者什么地方做得好，对方就会清楚什么样的行为是被认可的，而且说明管理者真的注意到了员工优秀的表现而不是泛泛地恭维。另外通过给予积极性反馈，员工就会知道管理者对他们工作的评估是公正的，由此他们会更愿意听取管理者的反馈。

另一个需要管理者注意的是，不要用评判代替观察到的行为。比如"你经常过来"是评判而不是对行为的描述，改成行为就要说："我看到你每周至少过来 3 次。"再比如"你总是积极配合我"也是评判而不是行为描述，改成行为描述要说："我最近组织了 3 次活动，每次都看到你第一个报名参加。"

评判与行为描述对比：

◆ 他很紧张。——评判
◆ 我看到他双手冒汗了。——行为描述

- 今天天气真好。——评判
- 今天阳光灿烂，微风习习。——行为描述

- 儿子去远方，母亲很悲伤。——评判
- 当母亲看到儿子的背影渐渐远去，她转过身来，用袖子擦了擦眼角的泪水。——行为描述

- 多美的黄昏哪！——评判
- 此刻黄昏的景色，落霞与孤鹜齐飞，秋水共长天一色。——行为描述

举个正确使用 BIA 的例子：

"小李，我看到你提前一天就完成了我交给你的任务，为我们整个团队的进度节约了一整天的时间，这点我特别感谢你。"这段话中同时包含了行为、影响、欣赏和感谢三个要素，而听到这句话的下属，就会非常清晰地知道，是提前一天完成任务的这个行为得到了管理者的认可，这会让他打从心里愿意强化这个行为。及时的表扬让员工意识到管理者是非常关注自己的，所以要把这份工作做得更好。

用 BIA 夸奖你的老板

在职场中，不仅员工需要反馈，管理者也是需要反馈的，可以说几乎所有的管理者都希望听到下属夸自己。试想一下，你的上级花了很多时间和精力，帮助你们谋取了某项福利。结果第二天他来到办公室，下属们没有任何反应，他的心里是什么感受？可能他会怀疑自己花费时间和精力来做这件事是否正确，也可能会怀疑员工是不是真的需要这项福利。没有得到一句感谢的话，或许下次他就不会做这样费力不讨好的事了。

　　每个人都需要反馈，不管是员工还是管理者。管理者才是最孤独的人，职位越高越孤独，因为没有人会表扬他们。但夸奖管理者是有挑战性的，因为一不小心就会变成拍马屁，比如"王总，你太牛了""张总，我太佩服你了"之类的话都属于恭维的范畴，对管理者是起不到激励作用的，因为他从你的话中听不出他究竟哪里做得好。这也是我们平时赞美他人时普遍存在的现象——夸奖得比较空洞。

◇ **经典案例**

　　美国西南航空公司的前任董事长赫伯·凯莱赫60岁生日当天，在看报纸时发现报纸上有一段话，是16 000名西南航空公司的员工每人捐了1美元，包了一个版面送给他一段生日祝福：

　　"他能够记住每名员工的名字。他会在感恩节帮助员工搬运行李。他能够给每个人一个拥抱，能够倾听。他运营着世界上唯一一家盈利的大型航空公司。他会在节日晚会上唱歌，每年只唱一次。他允许大家穿着短裤和休闲装上班，也允许大家骑哈雷摩托上班。他是朋友，而不只是老板。"

　　凯莱赫说，这是他60年来收到的最珍贵的生日礼物。

　　这段话就是教练式沟通的积极性反馈，这段生日祝福中几乎每一句话都是行为的描述，比如"他能够记住每名员工的名字。他会在感恩节帮助员工搬运行李。他能够给每个人一个拥抱……"这样的行为描述能够让管理者清楚地认识到，他的一言一行都被员工看在眼里，员工是非常关注他的。

　　这样具体的反馈让凯莱赫非常清晰地知道，他的哪些行为是被员工所认可和重视的。我们可以预见凯莱赫第二年会怎么做：作为董事长，他不仅要记住每名员工的名字，可能还要记住员工做的点点滴滴；在感恩节的时候，他还会拼命帮员工搬运行李；遇到节日晚会，凯莱赫可能会唱两首歌。

塑造行为的最好方式就是在对方做对的时候给予积极性反馈，无论是对员工还是对管理者。

在这个世界上，每个人内心深处都渴望被尊重，渴望被欣赏，这是每个人内在的需求。积极性反馈可以满足这种需求。给予对方关注和欣赏，对方就会有强化行为的内在动力。除了可以对员工和管理者做积极性反馈，对任何人都可以做积极性反馈，回到家里也要对家人做积极性反馈。我们常说对孩子要进行赏识教育，积极性反馈就是赏识教育的最好方法。

想要塑造孩子的某种行为，就要针对行为进行积极性反馈，比如对孩子说："儿子，爸爸看到你在拼图比赛的时候，连续 3 次挑战最难的图形，你的坚持不懈最终为你带来了 95 分的好成绩，爸爸祝贺你。"这种表扬方式会激励孩子强化过去好的行为，不断取得进步。更重要的是，表扬的重点是在不断挑战难题上，被这样表扬的孩子，未来的抗挫折能力会更强，这也是表扬的真正价值。

不管在什么场合、对什么角色进行积极性反馈，都需要注意以下几点：

1. 聚焦于对方的行为，要具体、简洁，描述对方说了什么或做了什么，重点描述对方取得成果的关键行为。
2. 不仅要对对方取得的成果表示认可，也要对过程和付出的努力表示认可。
3. 真诚、及时地表示认可和支持，可以激励对方持续做出同样的行为。

发展性反馈（BID），这样批评员工不抗拒

发展性反馈简称 BID，也叫建设性反馈，由三个英文单词的首字母组合而成：Behavior 行为、Impact 影响、Desired Behavior 期待。发展性

反馈是指当被指导者有不恰当的行为时，通过指出被指导者错误的行为以及需要改善的地方，帮助被指导者制订改进方案的行为。

对员工不恰当的行为进行批评，对很多管理者来说是一件极具困难和挑战的事。怎么做到批评对事不对人，是管理者一直没能解决的难题。发展性反馈可以很好地解决这个问题，因为发展性反馈有别于责难，它的目的是帮助对方成长。发展性反馈不仅要指出被指导者具体需要改善的行为，更要提示改善行为的具体方法。

发展性反馈 BID

和积极性反馈一样，发展性反馈也分成三段式，首先描述对方不正确的行为，其次讲述不正确的行为造成的影响，最后表达自己对对方改变行为的期待。

发展性反馈一定要描述对方错误的或不恰当的行为，这是对事不对人的基础。因为发展性反馈对事不对人，所以管理者可以随时指出员工错误的行为，这样就可以避免让对方产生抵触情绪。比如，员工迟到了，你千万不要说："小李，你怎么又迟到了？你怎么就不能做到守时呢？"这样说就是一下子否定了这个人。管理者应该描述行为，让对方清楚地了解这件事，比如，"小李，今天的培训我们约定的是9点钟开始，结果我发现你9：50才进入会场。"这样的说法就是客观地描述了行为，对方完全能够接受。说完行为之后就是影响："因为你迟到了 50 分钟，前面老师分享的关键内容你就没有学到，这会影响你一天的学习效果。"这样说就是告诉了对方这样的行为会给他造成什么样的影响。影响可以是对他自己的，也可以是对其他人的。最后要表达对他的期待，需要注意的是，期待一定要具体，千万不能说"我希望你明天早一点儿"，或者"我希望你下次别迟到"，而要说："我希望下次培训的时候，你能提前 10 分钟进入会场。"这样的期待就非常清晰了。

观察下列评判和行为描述的区别：

◆ 你很少过来。——评判
◆ 我发现你每周只来一次。——行为描述

◆ 你很少配合我，你这个人总是不积极。——评判
◆ 我最近组织了 3 次活动，每次都听到你说不愿意参加。——行为描述

◆ 你这个月的业绩完成得太差了。——评判
◆ 这个月的销售业绩是 200 万元，你的销售指标完成率不到 50%。——行为描述

◆ 你的工作效率很低。——评判
◆ 我发现你延迟了 2 天才完成这项任务。——行为描述

通过以上案例我们可以发现，描述观察到的行为时，如果没有加入个人的评判，对方就比较容易接受，且不会产生敌意。在进行发展性反馈的时候，建议用"我"开头。比如，说"你每周只来一次"就有点儿指责的意味，但如果说"我发现你每周来一次"，那么万一他每周来两次，他也不会抗拒你。所以用"我"开头来描述观察到的行为，会让对方比

较容易接受。

"我"字在这里体现了教练原则："我"内心对你充满了支持、期待和信任，所以"我"给你指出这样的行为，是期待你去改变的。积极性反馈用不用"我"无所谓，但建议在进行发展性反馈时，尽量用"我"开头，这样会显得客观一些。

在进行发展性反馈时，我有一个小建议，就是在行为描述之后直接讲影响，影响讲完直接讲期待改变的行为，不要把提问技术穿插在其中，要一气呵成地进行一个发展性反馈。举个例子，当你说："我发现你过去每周只来了一次。"后面没有接着讲影响，这时对方可能就会解释这件事情，他说："当然只能来一次，因为我有……的情况。"这时你的反馈很难再继续进行。所以如果你希望对方改变行为，直接进行一个 BID 就可以了，中间不需要再提问了。

这里介绍一个场景，检验一下你有没有真正掌握发展性反馈：

明天你要交一份重要的报告给你的上级，但是你现在不在办公室，回去打印修正已经来不及了，所以你就找你的下属小王，让他帮你完成。结果第二天一早，你发现报告里有很多错别字，于是你批评小王："连这么简单的事都做不好，这么多错别字，你的眼睛是干什么用的？"

下属听到这样的批评，内心一定会有怨气。如果你是一个教练型管理者，让你用发展性反馈的方式来做，你会怎么对你的下属说？先不要看修改示例，自己独立思考一下，记住发展性反馈的步骤：行为、影响和期待。

修改示例："小王，报告我看了，我发现这份报告里有 5 处错别字。这些错误会降低报告的可信度，也会影响你的工作绩效，所以下次提交报告前请多核对一遍，以确保文字百分之百准确。"

这样来做发展性反馈，下属立即就明白错在哪里了，回去也可以马上知道哪些地方需要进行修正。当下属很快就把报告修改好，再次把报告交到你手上的时候，你最好对他及时修正的行为做一个积极性反馈，这样就可以激励他强化自己的行为。

使用发展性反馈（BID）时需要注意以下几点：

1. 聚焦于对方的行为，描述对方说了什么或做了什么，同时期待的行为也要具体、可操作。
2. 行为的影响不仅是针对他人和团队，更要针对个人。
3. 给予发展性反馈要及时。

发展性反馈只有涉及他人可控的事情时才会有帮助。而当反馈是针对个人性格或者已经错过的时机时，反馈是无效的，因为即使对方想做些什么也做不到了。在发展性反馈里，期待的行为一定要具体，而且一定要基于对方的能力，就是对方能做到的程度，千万不能期待对方完成一个根本不可能完成的任务，比如两年内销售额增加 10 倍。如果你期待的行为是对方做不到的，那么就容易导致对方心情很失落。所以对别人的期待，一定要是对方通过努力能够完成的。

◆ 小结

1. 有效反馈

有效反馈是指对被指导者的行为以及行为的影响，用语言进行描述并传递给对方，是促进被指导者行动的技术。给予反馈对管理者来说是一个很好的沟通机会，不仅能够更了解他人、发展和保持良好的工作关系、取得管理者预期的成果，而且能提高管理者的自我意识。

2. 缺乏反馈是员工产生倦怠感的原因

如果缺乏反馈，管理者的工作难度就会增加。例如，员工把工作完成得非常好，并且超出了管理者的预期，但管理者没有给予任何反馈，员工就会怀疑工作完成得是否正确。因为缺乏反馈，员工在下一次工作过程中，甚至可能会将正确的事情做错。员工正确的行为没有得到反馈就无法强化。而员工做错时没有得到反馈，同样的错误就会反复出现。

3. 积极性反馈

积极性反馈简称 BIA，是由三个英文单词的首字母组合而成：Behavior 行为、Impact 影响、Appreciation 欣赏和感谢。

B 代表 Behavior 行为。行为非常重要，积极性反馈首先要求反馈必须讲求行为，因为没有行为描述的积极性反馈就是恭维。

I 是 Impact 影响。说完行为后，要强调对方的行为对他人或团队产生了怎样积极的影响，让他知道他的行为所产生的意义和价值，提高他对做这件事的意愿度和成就感。

A 是 Appreciation 欣赏和感谢。说完行为和影响后，要向对方表达你发自内心的欣赏和感谢。一句简单的感谢，就可以让他人产生巨大的能量。

4. 发展性反馈

发展性反馈简称 BID，也叫建设性反馈，由三个英文单词的首字母组合而成：Behavior 行为、Impact 影响、Desired Behavior 期待。发展性反馈是指当被指导者有不恰当的行为时，通过指出被指导者错误的行为以及需要改善的地方，帮助被指导者制订改进方案的行为。

和积极性反馈一样，发展性反馈也分成三段式，首先描述对方不正确的行为，其次讲述不正确的行为造成的影响，最后表达自己对对方改变行为的期待。

CHAPTER6
第六章

教练的常用工具

在了解了教练的"内功心法"——
教练原则，以及"武功招式"——核心
能力之后，你应该为自己挑选一些能够
扩大武功威力的兵器，也就是教练领域
中一些常用的工具和方法。这些工具和
方法各有各的优势，你需要根据场景和
问题来确定到底哪种方法更适合。

SMART 目标框架提问法

教练式的提问与对话都是以结果为导向的，要帮助被指导者达成目的，不是为了谈话而谈话。所以教练的第一步需要帮助对方理清目标，如果目标错了，所有的努力都将白费。目标不够清晰也可能导致失败，所以有一个正确且清晰的目标很重要。为衡量一个目标是否清晰有效，我们使用 SMART 目标框架法来界定目标。SMART 是 5 个英文单词的首字母缩写：Specific（具体的）、Measurable（可衡量的）、Achievable（可达成的）、Rewarding（有价值的）、Time Bound（有时限的）。[⊖]

Specific 目标必须具体。不具体的目标只是想法而已。

Measurable 目标必须可衡量。目标需要有一个衡量的标准和一个实现的标志，比如，实现目标的标志是什么？

Achievable 目标必须在可控范围内。目标不能超过能力和职权范围，必须是通过努力可以实现的。

Rewarding 目标必须有价值。想要实现的目标，无论是对自身还是对他人都要有意义。

Time Bound 目标必须有时限。目标一定要有一个完成的时间，没有限定时间的目标将会一直拖下去，而且月度目标和年度目标采取的计划和行动是不同的。

想要帮助被指导者得到一个符合 SMART 原则的目标，管理者可以通过有针对性的提问来帮助被指导者理清目标。

第一类问题 Specific（具体的），可以帮助教练将被指导者的理想目标具体化。通常的提问方式有："你说的这个目标具体是指什么？"如果被指导者说"我要提升员工的积极性"，教练就可以追问："你说的员工

⊖ 德鲁克. 管理的实践 [M]. 齐若兰，译. 北京：机械工业出版社，2006. 原著中 R 为 Relevant（相关的）。

积极性具体来说是什么？"如果被指导者说"我要加强沟通"，教练就要问："你所说的加强沟通具体是指什么？"

第二类问题 Measurable（可衡量的），将理想目标变得可衡量。这类问题可以分为两个方向：定量目标和定性目标。如果被指导者提的是可以定量的目标，如销售额、合格率等，教练可以问："你理想的目标销售额或合格率是多少？"

如果被指导者提的是定性目标，如提高满意度或积极性，可以用度量式问题来衡量目标。度量式问题包含三句话，我们以提高积极性为例："如果用 1～10 分来衡量积极性（第一句），10 分是最理想的状态（第二句），你想要几分（第三句）？"

如果教练漏了第二句"10 分是最理想的状态"，直接问被指导者想要几分，被指导者可能会不假思索地说要 10 分。这样做的挑战是，10 分很有可能是不可控的，最后无法达成。但如果教练说明 10 分是最理想的状态，被指导者就会在可控范围内设定一个目标，如 7 分或 8 分。最后一句一定要问"你想要几分"，而不是"你现在是几分"。想要的才是目标，目标是有感召力的，问"你现在是几分"会让对方一下子回到沮丧的状态。

假如被指导者回答"我想要 8 分"，教练应该立即跟进提问一个问题："如果达到了 8 分，你会看到什么，听到什么，感觉到什么？"这个问题可以让被指导者从三个角度描述目标，目标就会变得更加生动、形象。

第三类问题 Achievable（可达成的），帮助被指导者把目标聚焦在可达成的范畴内。这里可以问对方一个封闭式问题："通过你的努力，你可以实现目标吗？"如果对方回答可以，则跳到目标框架的第四类问题，如果对方回答不可以，你就要追问："那你可以影响的目标是什么？"这一步很重要，因为教练只教练被指导者实现可以达成的目标。

第四类问题 Rewarding（有价值的）。这类问题经常被忽略，因为大家的关注点多集中在"目标能带来好处"上。但是如果可以想到目标背后的价值和意义，就可以帮助对方找到实现目标的动力，甚至通过发现目标背后更深层次的目的而改变原有目标。比如，教练可以问："员工积极性提高了，对你、对员工、对公司有什么价值呢？"如果被指导者回答："只有员工的积极性提高了，我们的季度目标才能够实现。"这时教练需要注意了，因为很有可能达成季度目标才是对方真正的目标，所以教练需要追问一个问题："提高积极性和达成季度目标，哪一个是你真正想要实现的目标？"如果被指导者说我要达成季度目标，这时教练就需要重新开始新一轮的 SMART 目标框架提问。

第五类问题 Time Bound（有时限的），要问对方达成目标需要多长时间，教练可以问："你希望在什么时间内提升员工的积极性，达到理想的8分？"

这五类问题可以顺利地把被指导者的理想目标转变为清晰、具体的绩效目标。在对话的最后，可以和对方确认一下绩效目标："你希望在半年的时间内，也就是 7 月 10 日前，提升部门中四位"60 后"老员工的工作积极性，达到 8 分的状态，是吗？"目标一旦明晰，下一步就可以了解现状和探索行动方案了，教练对话也就可以顺利推进了。

在教练领域，SMART 目标框架是重磅级的教练工具。很多时候，教练过程之所以进行不下去就是因为目标不符合 SMART 原则，比如目标不具体，目标不可控，目标不是对方真正想要的。在这种情况下，行动方案是很难探索的，SMART 目标框架给了我们一个聚焦目标的提问架构。但并不是必须按照 SMART 的顺序提问，只要能全面涉及这 5 个方面就可以了。

GROW 流程：引导员工找到困难任务的解决方案

GROW 模型最早是由艾伦·范恩、约翰·惠特默和格雷厄姆·亚历山大三位教练于 1992 年一起开发的。GROW 模型现已成为企业教练领域使用最广泛的对话模型之一。在过去的 10 多年时间里，行动教练一直在发展 GROW 模型的内容，将 4 步流程的每一步都做到了标准化、系统化、流程化，让 GROW 模型学起来容易，用起来轻松。行动教练的 GROW 模型是由 4 个英文单词的首字母组合而成，它们分别是 Goal 聚焦目标、Reality 了解现状、Options 探索行动方案、Will 强化意愿。

行动教练的 GROW 流程

　　GROW 流程的第一步是聚焦目标。在这个环节，行动教练强调要将理想目标转变为绩效目标，也就是要符合 SMART 原则的目标。这样做的好处是目标更清晰、更聚焦，便于下一步的分析和探索。而目标一旦定错了，后面的流程就无法进行下去。第二步是了解现状。了解影响目标达成的关键因素和资源。第三步是探索行动方案。在这个环节要穷尽所有的可能性，最终形成可行方案以及方案的第一步行动计划。最后一步是强化意愿，通过让被指导者总结谈话内容并设定奖励的方式，让被指导者自行激发自己的行动意愿。最后一步也是一次谈话的复盘，为双方约定下一步的跟进措施达成一致意见。

聚焦目标：集中精力实现目标

GROW 流程的第一步是聚焦目标。教练以结果为导向，先聚焦目标再了解现状，由此展开高效的对话。比如开车使用导航，第一步是要先设定目的地，也就是聚焦目标；第二步是要设定出发点，即了解现状；第三步是要设定高速优先、路径最短或躲避拥堵，也就是探索行动方案；最后一步是到达目的地，即目标达成。虽然很多时候教练对话是从被指导者谈论现状开始的，但并不意味着教练要顺着被指导者的思路延续对现状的探讨。

教练要迅速地从被指导者的现状中听出背后的需求和目标，如果听不出来就要通过提问来确定目标。原因有两点：首先，教练是结果导向的，以终为始是教练的准则，只有明确了方向才能知道从哪里出发，确定目标对明确任何讨论的价值和方向都是最重要的。其次，一开始就基于现状探讨很容易让被指导者陷入对现状不满的负面情绪中，对话很容易会变成对问题的抱怨。当被指导者被过去的表现限制住时，谈话的效果会大打折扣。有时候过于关注眼前的挑战或短期的目标，会降低我们达成长期目标的信心。

聚焦目标这一步可以分为 4 个步骤：发出邀请、明确理想目标、明确绩效目标和目标确认。管理者可以主动发出谈话的邀请，比如，说："今天你想谈点儿什么呢？""我观察到……，我们聊聊好吗？"当管理者发现了下属在某一方面遇到问题时，可以主动发出邀请。但如果是下属主动来找管理者，并把自己遇到的问题告诉管理者，那么发出邀请这一步可以省略。

发出邀请后，管理者知道了下属遇到的问题是什么，就需要和下属明确这次谈话想要达到什么目标。比如，可以问："听起来，你是想解决员工工作态度不积极的问题，是吗？""你真正想要的结果是什么？"有些情况下，员工想要寻求管理者的帮助，但是只向管理者描述了困难的现状，却不清楚自己想要达成什么样的目标，这就需要管理者通过对话帮助下属理清思路，明确下属想要达成的目标。

在明确目标之后，教练型管理者需要帮助下属把目标变成符合SMART原则的目标。前面我们说过，符合SMART原则的目标就是要具体、可衡量、可达成、有价值、有时限。如果下属的目标已经非常清晰了，也符合SMART原则，这一步就可以省略了。

最后需要管理者和下属确认一下目标。这一步非常重要，如果管理者理解的目标和员工想要达到的目标不一致，那么后面了解的现状和探索出的行动方案也将大不相同，这会浪费很多时间和精力。想要和员工确认目标可以这样问："所以，你想在……时间内，提升……，想要达成……分的状态，是吗？"在确认目标时，管理者尽可能确认得详细一些，这样有助于员工按照目标来开展后续的工作。

了解现状：对目标的实现更有信心

在聚焦目标后我们需要了解现状。所谓现状是指和目标相关的当前的状况，如果在了解现状的时候发现情况与当初的设想有所不同，就可以对目标进行调整。在了解现状阶段，通常从开放式的"什么""何时""何地""谁"和"多少"等问题开始。这些问题引出的都是关于事实的描述，有助于下一步的分析判断。

在了解现状这一步，尽量不要问"为什么"的问题，因为"为什么"问题很容易引起对方的防御反应。当想了解原因时，可以把"为什么"的问题改成"是什么"的问题，这样可以帮助被指导者在平和的心态下分析原因。教练不需要了解所有的情况，只需确认被指导者清楚现状就可以了。了解现状的目的是提升被指导者的觉察力，为下一步探索行动方案奠定基础。在了解现状这一步，任务是帮助被指导者了解影响目标达成的要素、资源。这一步可以分为 3 个步骤：分析事实、探索因素和寻找资源。

首先，教练可以通过提问来引导被指导者分析现状，比如，问："针对你提到的目标，目前的情况是怎样的呢？"如果是定量的目标，就可以直接问："你的目标是销售额达到 3000 万元，那目前完成了多少呢？"如果是定性的目标，可以问："你希望可以把客户满意度提高到 8 分，那么现在的情况可以打几分呢？"

其次，了解现状后，教练就可以帮助被指导者探索影响目标的因素，可以问对方："影响目标达成的因素有哪些？""为了达成目标，除了你刚才提到的那些因素，还需要关注哪些因素呢？""从销售的角度来看，你觉得还有什么关键的影响因素呢？""这些因素里你可以影响的是哪些呢？"如果对方强调不可控因素，可以询问："刚才提到的影响因素中，哪些是可控的？"只有从可控因素开始，才能解决问题。如果对方继续强调不可控因素，可以启发他："为了实现目标，除了刚刚提到的因素，还需要关注哪些因素？"也可以让对方站在不同的角度思考问题，如客户的角度、员工的角度、跨部门的角度等。

最后，清楚了影响因素后，就可以开始寻找可以帮助对方达成目标的资源，教练可以问："针对你的目标，你有哪些资源呢？""针对你的目标，你有哪些优势呢？""你可以把握的机会有哪些？"提问这些问题就是为了让对方看到所有因素和资源，对解决问题树立信心。

探索行动方案：找到切实可行的方案

在目标清晰、现状明确后，即可进入行动方案探索阶段，此时需要扩大思考领域，并制订出翔实且落地的行动计划。探索行动方案时，不要急于马上就能找到正确的答案，而是要想出尽可能多的可供选择的方案，开始的时候，选择的数量比每个选择的质量要重要得多。激发大脑搜集所有可供选择的方案的过程同样具有价值，因为它能够激发创造力，只有从广泛的各种富有创造性的可能中，才能挑选出最佳的行动计划。探索行动方案这一步的任务是帮助被指导者扩大思考领域、制订计划。这一步可以分为 3 个步骤：启发引导、确认评估和具体行动。

在启发引导时，教练可以直接提问如何（How）的问题："为了实现目标，你会如何行动？""前面你提到人手不足，针对这一点，你会如何做呢？""如果你的上司同意了这个方案，你会做些什么呢？"此时还可以通过假如类问题进行对话："假如站在管理者的角度、支持部门的角度，他们会建议你做什么？"

接着教练需要引导被指导者对行动方案进行确认评估，可以问："做到了上面几点，你觉得可以达成目标吗？""如果不可以，你还可以做些什么呢？"上司在这一步可以运用 T + C 的模式进行教练，通过分享自身感受和观点启发对方："你觉得我刚刚提到的两点对你有什么新的启发？对此你会怎么做？"此时上司需要自然地回归教练状态，支持对方自主解决问题。

确认了行动方案后，教练要帮助被指导者落实到具体行动上，可以问："今天谈话结束后，你的第一步具体行动是什么？""你打算什么时候做？"如果对方回答的方案不能立刻实施，就要继续提问："具体你会怎么做？"然后再问："还有呢？"如果对方认定事情特别紧迫，教练就需要问对方什么时候实施，通过提问让对方的行动方案变得具体、可落地。

强化意愿：以最佳状态开始行动

进入强化意愿这一步，教练可以让被指导者总结对话的全过程并依照计划行动。教练也可以让被指导者提出目标达成后自我激励的方法，以此激发被指导者的动力。根据行动教练的原则，教练是支持个人实现组织目标的协作过程，因此让被指导者认识到教练会强有力地支持他的行动也是非常重要的。强化意愿可从总结成果、庆祝成功、积极性反馈3 个方面进行。

对话结束时总结成果，是教练要交给被指导者完成的重要任务，因为总结即承诺。为了让对方再次承诺，教练通过以下谈话进行推动："你能简单地总结一下刚才的对话内容吗？""通过我们刚才的对话，你有什么样的收获和启发？"

为了提高被指导者的行动意愿，教练可以让被指导者想象庆祝成功的时刻，可以问对方："目标达成后，你会如何奖励自己？""目标达成后你会如何庆祝？"自我激励才能产生自驱力，所以一定要让对方自己制订奖励方案。

最后，进行积极性反馈："通过刚才的谈话，你提到了 123 的想法，制订了 456 的方案，你的思路很清晰，可以看出你是个特别有想法的人，对此我特别认可，希望下一步可以继续支持你，也期待你达成目标。"对方感受到认可后行动意愿也会提高。做完积极性反馈后，需要约定下一步跟进的时间和方式，以确保方案的执行。

GROW 模型离不开教练的支持、期待和信任的原则，离不开深度倾听、有力提问和有效反馈。将 GROW 流程和教练技术组合起来，创建更好的觉察，让对方主动承担责任，最后找到方法并付诸行动。教练可以针对不同的情境采用不同的教练技巧，对于简单的问题可以使用倾听，或者运用教练式对话帮助对方解决问题，对于复杂的问题可以通过流程解决，与对方进行符合 GROW 流程的对话，这样在解决问题的同时也可以帮助自身成长。

教练式对话是助人自助的行为。面对教练的问题，对方会主动寻求解决方案或者答案，对于教练来说，没有失败，只有成长。如果行动教练因自己在专业领域的技术、能力而骄傲和自满，则会破坏教练效果，如同管理者代替员工寻求解决方案，会对员工的成长造成阻碍，只有重视教练能力才能更好地支持对方成长。

行动教练的 GROW 模型提供了一个简单易操作的方法来帮助人们聚焦目标，使人们的思维不至于混乱，并能减少干扰、提升表现。GROW 模型给教练提供了结构化的提问框架，提高了决策的速度和准确度。GROW 模型的顺序是假设 4 个阶段都必须进行，一般第一次解决一个新问题时，都是如此。如果一项任务正在进行或者曾经讨论过，也可以运用教练式对话去推进或者处理。在这种情况下，教练可以在任何一个阶段开始或结束。

了解了 GROW 流程的所有步骤后，我们来看一个完整的 GROW 流程案例：

◇ **经典案例**

小王刚刚被提升为专业部门的经理，他面临着专业人员短缺的问题。部门有很多项目亟须启动，却因为人手问题迟迟难以开展，小王心情苦闷而焦虑。老李是小王的上级，在询问部门工作进度时，小王提出人手不足的问题，希望得到老李的帮助。

老李："小王啊，最近看起来好像心事重重的，有什么问题啊？"

小王："最近部门有很多项目亟须启动，但由于人手问题迟迟难以开展，我的部门专业人员一直短缺啊！"

老李："哦，听起来你是想解决专业人员缺口这个问题，是吗？"

小王："是啊！"

老李："关于专业人员缺口的问题，你期待的具体目标是什么？"

小王："我希望到月底之前能招到 2 个程序员。"

老李："听起来在月底前招到 2 个程序员既重要又紧急啊！"

小王："是啊，真是急死了！"

老李："关于这个问题，之前你都做过哪些尝试呢？"

小王："我真的费了不少劲儿啊！我每周都要求 HR 给我简历，也花了不少时间配合他们面试。"

老李："效果怎么样啊？"

小王："效果不怎么样。我一直在催 HR，可是 HR 不给力，招聘工作进展得特别慢，好不容易招聘到几个人，但根本就不合适。"

老李："经过这些尝试，你觉得是什么因素使得 HR 不给力呢？"

小王："不知道啊……"

老李："过去 HR 招聘给力吗？"

小王："过去在某些岗位上，他们的招聘工作还是不错的……对，我觉得他们适合招聘通用岗位的人。对于专业岗位，他们可能没经验，招聘渠道也不行……"

老李："那你觉得 HR 应该起什么作用？"

小王："本来我觉得招聘就是 HR 的事情，我们只要把要求告诉他们，剩下的就是他们的工作了。"

老李："你现在怎么看待 HR 在这个问题上所起的作用？"

小王："坦白说，在专业人员的招聘方面，HR 确实帮不上大忙，他们顶多帮忙收集简历、安排面试。我认为可能行业内的朋友圈里，可以提供更专业的判断，至少会有一些风评和口碑可以帮助我们做出判断。"

老李："那么，你觉得在解决专业人员缺口的问题上，你还可以做哪些努力呢？"

小王："我应该多帮帮 HR，让他们更充分地理解我们需要的是什么样的人才，今天我就和 HR 沟通一下，把我们的具体要求告诉他们。另外，我还会让我们部门的同事和行业圈子里的人来推荐，争取有 10 个候选人吧，这样会比 HR 推荐的靠谱儿。"

老李："好的，这样做你觉得能够实现月底前招到 2 个程序员的目标吗？"

小王："应该可以。"

老李："现在，你马上可以做的是什么呢？"

小王："嗯，我今天就在行业圈子里发布详细的招聘信息，多收集一些信息，希望能得到一些靠谱儿的推荐。然后，我会请 HR 改变招聘渠道，从猎头那里找一找。猎头作为行业内的能手，手上的信息应该也比较多，通过猎头，至少也要拿到 5 个候选人吧。"

老李："好的，你可以总结一下我们刚刚交流的内容吗？"

小王："我本来把招聘不给力的责任都推给了 HR，觉得一点儿办法都没有。现在我发现自己还可以做很多事情，对目标也更明晰了，我觉得通过我的努力可以解决招聘的问题。"

老李："太好了，期待你实现目标。"

小王："非常感谢。"

这个案例是一个完整的 GROW 流程，在这个案例中，老李通过 GROW 模型做到了 3 件事：首先创造了觉察，老李让小王觉察到自己有资源可以促进目标达成。其次承担责任，招聘是小王自己的工作任务，他可以从自己可控的事情开始做起。最后刻意行动，有行动方案就马上落实，清楚第一步要做什么，确保自己不仅知道更要做到。

当下属主动找你时，说明他意识到自己有问题，并且有意愿改变，此时可以通过"今天你想找我聊些什么"开展辅导对话。当你发现下属遇到问题，而他本人没有意愿改变时，可以通过"我观察到你状态不好，我们聊聊好吗"这样的发展性反馈来开场。老李在第一步聚焦目标的时候，首先对小王发出了邀请："最近看起来好像心事重重的，有什么问题啊？"当小王开始倾诉之后，老李又用提问的方式让小王明确了自己的目标："听起来你是想解决专业人员缺口这个问题，是吗？"在得到肯定的答案后，老李又让小王明确自己的具体目标："关于专业人员缺口的问题，你期待的具体目标是什么？"为了确认自己理解的目标和小王的目标是一致的，老李再次和小李确认目标："听起来在月底前招到2个程序员既重要又紧急啊！"通过一系列的提问，老李帮助小王聚焦了目标，这样小王就清晰地知道了自己遇到的问题根源在哪里，接下来就可以围绕这个具体的目标来开展行动。

我们必须聚焦正向、符合SMART原则的目标。HR招人难是负向目标，月底之前招到2个程序员是正向目标；降低客户投诉率是负向目标，提高客户满意度是正向目标。聚焦目标这一步非常简单，只要把"不要什么"变成"要什么"就可以了。SMART第一个原则是目标必须具体，解决专业人员缺口的问题就不够具体。当管理者提问："关于专业人员缺口这个问题，你期待的具体目标是什么？"对方就会思考出一个比较具体的目标。如果再次回答的目标还是不够具体，就需要管理者追问下去，直到对方给出一个具体的目标。

第二个原则是目标必须可衡量。"希望到月底之前能招到2个程序员。"这个目标清晰可衡量，能够招到2个人就是衡量的标准。但如果对方的目标是偏抽象的，比如提高员工的积极性、提高客户的满意度，就需要通过提问度量式的问题来帮助下属明确目标想要达成什么程度。常用的句式是："如果用1～10分来衡量员工的积极性，10分是最理想的状态，你希望能够达到几分？"当对方给出数值时，管理者可以立刻询问："如果达到了，你会看到什么，听到什么，有什么感受？"或者询问："当达到目标时，你会有什么行为体现？"这样提问可以让下属看到目标达成后的改变，可以让他更有行动的动力和意愿。所有不可衡量的目标都可使用度量式问题，如果目标本身可以衡量，则无需度量式问题。

第三个原则是目标必须可达成，是通过努力可以实现的。教练只教练可达成的目标，无法教练不可改变的事。如果下属说他的目标是帮助公司上市，这个目标就明显超出了他的能力范围，甚至超出了管理者的能力范围，这个时候管理者最好劝下属换一个对方通过努力可以达成的目标。

第四个原则是目标一定要有价值。管理者可以询问对方："实现这个目标对你有什么价值？"或者询问："你为什么这么迫切地想要实现这一目标？"这样的问题可以激发对方的内在动力。没有经过深度思考的目标很多情况下只是表象目标，而思考目标背后的价值可以帮助对方明确自己真正想要达成的目标。

之前，有个妈妈和我说她希望孩子吃饭可以快一些。我问她："为什么孩子吃饭快对你很重要？"对方回答："吃饭快可以更健康。"我继续询问："为什么要把吃饭快和身体健康联系在一起？"她说孩子在幼儿园里吃饭慢，时间到了，饭菜会被收走，无法保证孩子的营养健康。这时候你就会发现，对方关注的是孩子的身体健康，而不是吃饭的速度。我对她再次提问："如果孩子一直健康成长，对你来说有什么价值？"她很开心地说："那我就是成功的妈妈。"我继续问："一个成功的妈妈在看孩子吃饭这件事，你有什么新的想法？"听到这个问题，对方茅塞顿开。

很多管理者的目标是要提高员工的积极性，但他们其实更关注的是组织绩效。当问他们"有没有员工积极性不高但是绩效很好的案例"时，管理者就会意识到积极性只是影响绩效的一环，而他们的真正目标是提高组织绩效。

最后一个原则是目标必须有截止时间。"你希望多长时间内达成这个目标？是 3 个月，还是半年，或是 3 年？"只有把时间界定清楚，计划才能按期进行，不然计划就会无止境地拖下去。另外，3 个月的计划和 1 年的计划，要做的事情也不一样。

虽然 GROW 模型在教练的过程中使用频率很高，但是必须强调：在缺少了教练原则，以及倾听、提问、反馈等技巧的情况下，GROW 模型的价值将大打折扣。GROW 模型在实际生活中的应用范围非常广泛，涉及投资决策、亲子育儿、产品销售、制订战略、绩效管理等。

GROW 流程相关表格

GROW 流程提问参考

GROW 流程提问表

阶段	提问
Goal 聚焦 目标	**理想目标** ◆ 今天想聊点儿什么呢？ ◆ 今天谈话结束时，你期待有什么样的成果？ ◆ 现在我们有 30 分钟时间，你认为需要完成的最重要的事情是什么？ **绩效目标** ◆ Specific（具体的）：你的目标具体是什么？ ◆ Measurable（可衡量的）：如何知道 / 衡量达成了目标？如果用 1～10 分来衡量，10 分是最满意的状态，你想要几分？如果目标达成了，你会看到什么，听到什么，感觉到什么？ ◆ Achievable（可达成的）：通过你的努力可以影响目标的达成吗？ ◆ Rewarding（有价值的）：实现这个目标的价值 / 意义是什么？你认为对你更重要的是什么呢？你真正想要的是什么呢？还有呢？ ◆ Time Bound（有时限的）：你要在什么时间内达成目标？ **目标确认** ◆ 你的目标是……（SMART 目标），是吗？

（续）

阶段	提 问
Reality 了解 现状	◆ 目前的情况是怎样的？ ◆ 到目前为止，你做了哪些尝试？效果怎么样？ ◆ 影响目标达成的因素有哪些？哪些是你可控的？ ◆ 你有哪些资源？ ◆ 你有哪些优势？ ◆ 可以把握的机会是什么？
Options 探索行 动方案	◆ 为了实现目标，你会做些什么呢？还有呢？ ◆ 具体你会怎么做呢？ ◆ 前面提到了……，你会如何做呢？ ◆ 假如你是……，会怎么看呢？ ◆ 如果你做到了刚刚谈到的几点，你能实现目标吗？ ◆ T+C ◆ 今天交流结束后，你的第一步行动是什么？你打算什么时间采取行动？地点？
Will 强化 意愿	◆ 总结成果：通过刚刚的对话，你有什么样的收获？ ◆ 庆祝成功：目标达成后，你会如何奖励自己呢？你会如何庆祝呢？ ◆ 积极肯定：对被指导者进行积极性反馈并提供支持和约定跟进时间。

教练记录

教练记录表

阶段	对话要点记录
Goal 聚焦 目标	
Reality 了解 现状	

（续）

阶段	对话要点记录
Options 探索行 动方案	
Will 强化 意愿	

观察者记录

观察者记录表

区分	内　容	评分	其他反馈
聚焦 目标	教练对话开始时营造轻松、信任的氛围		
	运用目标框架问出 SMART 目标		
	通过确认的方式与被指导者核实目标		
了解 现状	了解之前已采取的行动、影响因素、资源、机会、挑战等情况		
	始终围绕目标了解现状		
探索 行动 方案	支持被指导者自行探索行动方案，如果出于需要进行告知，之后应立即运用教练技术跟进		
	确认行动方案能够支持目标的达成		
	采取的行动具体、可操作、有时限		
强化 意愿	请被指导者总结价值或收获		
	支持被指导者找到自我激励方法		
	对被指导者进行认可并表示支持		

（续）

区分	内　容	评分	其他反馈
倾听 提问 反馈	有点头、微笑、目光注视、记录、肢体同步、回放、确认等行为		
	更多地使用开放式、未来导向型、如何式提问		
	基于倾听进行提问，对话过程同频流畅		
	适时给予被指导者积极性反馈		

迪士尼策略：让梦想成为现实

迪士尼公司全称为 The Walt Disney Company，取名自其创始人华特·迪士尼。作为创意天才，华特·迪士尼凭借丰富的想象力创造出各种卡通人物，使公司发展为有亿万产值的企业。迪士尼乐园之所以闻名全世界，不仅是因为它为全世界的人建造了梦想中的乐园，更是因为迪士尼团队在决策中采用了头脑风暴策略，这是用于开发梦想以及让梦想变成现实，并提供最大可能性的一种策略。

迪士尼团队产生的每一种创意，都会经过 3 个角色来演练。这 3 个角色分别是梦想家（Dreamer）、实干家（Realist）和批评家（Critic）。通过这种方式，迪士尼让创意变成了现实。罗伯特·迪尔茨（Robert Dilts）模仿迪士尼的这种方式并开发了一种策略作为教练工具，称为迪士尼策略。这是一种感知位置练习，也是创建梦想并让梦想转变为现实的过程。许多企业家从这项策略中得到了非常大的帮助。

迪士尼策略需要 3 个角色：梦想家、实干家、批评家。梦想家发挥创造力，不受限制地充分想象；实干家努力实现梦想家所有的设想；批评家考虑实干家所制订的计划的可行性。这一策略的要点在于平行思维原理的应用，3 个角色按照顺序出场，彼此各行其是，没有交叉，最大限度地发挥创造力和想象力，与此同时还能兼顾整体性。具体操作步骤如下。

第一步：选定需要思考的具体事件。

第二步：找出 3 张 A4 纸，分别写上"梦想家""实干家"和"批评家"，放在地上排成一列。

第三步：站在"梦想家"的纸上，集中思考最想得到什么、最想看到什么，可以通过以下提问突破一切限制地发挥自己的想象力：

◆ 如果用正面词语宣告具体目标，你如何描述？
◆ 为什么要实现这个目标？目的是什么？
◆ 实现这个目标的价值有哪些？
◆ 判断你获得了这些价值的依据是什么？
◆ 在实现目标的过程中，你会发生什么变化，成为什么样的人？

第四步：充分想象后离开"梦想家"的纸，简单放松后站在"实干家"的纸上，集中精力思考如何实现"梦想家"的设想，抛开"做不到"的念头，不断问自己怎样才能做到，可以进行如下提问：

◆ 整体目标何时实现？
◆ 要想实现目标，需要给哪些相关者分配任务和责任？
◆ 实现目标的具体步骤包括哪些？第一步、第二步、第三步分别是什么？
◆ 有什么标志或回应能及时告诉你是沿着正确的方向前进还是正在远离目标？
◆ 当哪些事情发生的时候，你知道你已经实现了目标？

第五步：完成"实干家"的任务后，以同样的方式站在"批评家"的纸上，开始思考有哪些漏洞，思考"梦想家"和"实干家"所想的内容中有哪些是和现实情况相符的。此时可以这样提问：

- ◆ 哪些人会受这个计划影响？

- ◆ 哪些人会打破计划的有效性？

- ◆ 这个计划的潜在风险是什么？

- ◆ 针对这个计划，现在还需要补充什么或缺失的是什么？

- ◆ 现有的做事方法有哪些正面的效果？

- ◆ 当实施新想法时，你如何保留那些正面的效果和意义？

- ◆ 如果有一些事发生让你不想实现这个计划，你认为会是什么？

第六步：从"批评家"的纸上走下来后，可依据实际情况决定再次站在代表哪个角色的纸上，直到有了满意方案为止。

以上就是迪士尼策略的全部步骤，熟练后可将这些步骤简化，直接在 3 张纸上写下设想。迪士尼策略帮助我们清晰地探讨每一个角色，在平衡大局的同时能洞察细节，从而成功达成目标。

逻辑层次模型：让提问更有力量

逻辑层次模型早期被称为 Neuro-Logical Levels，最初由格雷戈里·贝特森（Gregory Bateson）发展出来，后由罗伯特·迪尔茨（Robert Dilts）整理，在 1991 年推出。逻辑层次形成了一个内在的等级体系，其中每一个层次在心理上逐渐提升。逻辑层次把被指导者和其行为分离开来，因为被指导者不是其行为所能代表的。我们的大脑的工作方式存在天然的体验等级或层次。[⊖]例如，人们会从不同层次谈及对事物的反应。有人会说一种体验在某一层次上是负面的，但在另一层次上是正面的。人们能够凭直觉感受到这些内在的等级。当教练把逻辑层次问题模式带入教练式会话中时，被指导者这种内心的自然演变就会他们被意识到。

　⊖　迪尔茨 . 从教练到唤醒者 [M]. 黄学焦，等译 . 郑州：河南人民出版社，2009.

逻辑层次模型可以用来解释社会上出现的很多事情，让教练明白被指导者的困扰所在，因而更容易帮助被指导者找出解决问题的方法。逻辑层次提问法是一个很实用的教练工具，它包括 6 个层次，自上而下是：系统，身份，信念、价值观，能力，行为，环境。

逻辑层次模型

系统：我与世界上其他人、事物的关系。当一个人谈及他的人生意义或者一家公司谈及它对社会的贡献时，便涉及"系统"的层次了，它回答了"还有谁"这一问题。

身份：身份给被指导者提供了基本的自我意识和自己的核心价值观。身份主要与使命、愿景、目的和角色相关。它回答了一个问题：我是谁？

信念、价值观：这一层次与个人的信念和价值观相关。它回答了关于价值观的问题：为什么我做这些？这为什么重要？信念和价值观是被指导者日常行为的基础。信念既是随意的，又有所限制。教练问题探讨的是"价值观中的价值观"，以及与可能性和选择相关的开放性信念的能力。

　　能力：这个层次描述了我们能够做什么。它们是一组或者一系列在生活中常用的行为、一般技能和策略。这一层次回答了能力问题：我怎样完成？我怎样处理？我有什么能力？我需要什么能力？在这一层次我们使用很多心灵地图、计划或策略来激发特定的行为。

　　行为：行为由我们在日常环境中的具体行动或反应组成。在不考虑能力的情况下，行为描述的是我们实际上所做的事情。这回答了具体行为方面的问题：我正在做什么？我将采取什么行动？我下一步要做什么？

　　环境：这与行为或行动发生的外部条件相关。它回答了与行为的完成相关联的具体问题：这种行为发生于何时何地？我将于何时何地做这项工作？今天，下个月，还是下一年？

　　在教练过程中，如果我们想解决一个层次的问题，最好的办法是向上一个层次或上几个层级找寻解决方案，在同一层级解决问题，往往不能做出最好的判断。环境、行为、能力，我们称之为"下三层"，也就是实务层，它强调在什么样的环境下开始行动，采取哪些行动，具备哪些能够完成行动的能力。

　　信念、价值观，身份，系统，我们称之为"上三层"。它们的作用是激发内在动力，通常会关注：这件事为什么对你这么重要？做这件事的人为什么是你而不是别人？你想要的未来图景是什么样的？所以，只有把"上三层"走好，才能真正在"下三层"有作为，并且真正产生持续不断的行动和改变。

　　通常这个6个层次可分为3个阶段（自下而上）。第一个阶段为第一层（环境）和第二层（行为）。在这一阶段，管理者多数关注"事"而忽略了"人"，这就是在什么样的环境下做什么样的事。

　　第二个阶段为第三层（能力）、第四层（信念、价值观）、第五层（身份）。在这个阶段，管理者开始更多地关注"人"，因为人的能力（第三层）决定了这个人能否在特定的环境（第一层）下，完成特定的任务（第二层）；人的动机（第四层）则决定了这个人在特定的环境（第一层）下，完成特定的任务（第二层）的意愿度。另外，人对自我身份（第五层）的认知，决定了他会以何种动机、付出多少努力（能力），在特定的环境下完成特定的任务。

下面的这则故事可以帮助你更好地理解"身份认知""动机"与"能力"这三个层次的含义：

某房地产公司的老板到工地上视察工作时，看到了三个正在砌墙的年轻人。老板问第一个年轻人："你在做什么呢？"第一个年轻人回答："我在砌墙呀。"老板又问第二个年轻人："你在做什么呢？"第二个年轻人回答："我在盖一栋大楼。"老板再问第三个年轻人："你在做什么呢？"第三个年轻人回答："我在建设一个家园。"若干年后，第一个年轻人依然在砌墙，第二个年轻人成了建筑师，而第三个年轻人成为城市设计师。

最后就是第三个阶段，即第六层（系统，如家庭、职场、社会等）。在这个阶段，你需要完成使命的转换，也就是要建立你与系统的关系。这个关系可以是你在家庭中的定位，以及与家庭成员之间的关系；也可以是你在职场中的定位，以及与相关方的关系，等等。

逻辑层次可以"自下而上"或"自上而下"进行探讨，"自下而上"适用于阐释目标。如果被指导者的目标是"我想创造一种我所热爱的生活，但不知道我到底要什么"，指导者就可以提问下面的问题：

◆ 假设你已经开始一种你所热爱的生活，那么你将创造一种什么样的环境？

◆ 你每天要做什么？

- ◆ 你会给世界展示或分享什么样的能力？
- ◆ 你将会采取什么样的态度和信念？
- ◆ 你希望成为哪种人？
- ◆ 作为这种人，你还将影响到谁？

平衡轮：打造圆满人生

平衡轮是多因素分析的教练工具之一，在教练的过程中广泛应用于评估、决策、聚焦目标、找到提升的方向、提升满意度等方面。平衡轮是将圆圈平均切割为 8 个维度，可以选定生活或者工作领域的任意话题，分别写在这 8 个区域圈外。根据目前的情况按 1～10 分建立度量分数。

很多时候我们无法做出选择是因为无法平衡事物对我们的作用或者我们所需要的资源。平衡轮有助于我们很好地做出选择。它将理清以下困惑：怎样用平衡轮明晰目标？如何运用平衡轮分析现状并且实现行动计划？如何运用平衡轮产生全景视角？

平衡轮的概念有 3 个方面的含义：一是目标的实现需要很多相关重要方面的支持，这就好比一个车轮要想转动，需要一根根辐条的支撑一样。二是要想实现目标，每个相关重要方面需要平衡发展，这就好比要想让车轮转得快，需要一根根辐条的长短一致、强度一致。三是平衡轮就像是一架照相机，可以拍摄在某一个时刻关于某个目标的相关重要方面的真实情况。

成功的高效能人士都善于设定目标，他们将自己的行为聚焦在对目标的贡献上。他们按照合乎逻辑的、合理的、有序的方式做事，以获得他们认为重要的结果。每个人都是一个复杂而又独特的个体。复杂而又独特来源于这样一个事实：一个人在生活中扮演着多重角色，他独特的潜能会产生无数需求和欲望。

　　在事业领域发挥潜能、达到最高的生产力，能让你的个人需求和欲望最容易得到满足。然而从长远来看，要想让人生变得圆满，获得更多的成就感，一个人就要在人生的 6 大领域都建立优先顺序。这 6 大领域是：家庭与天伦、事业与理财、心智与教育、身体与健康、社交与文化、精神与道德。正如平衡轮所呈现的那样，在生活与事业的各个领域都保持适度的发展，并为每一领域的活动建立优先顺序，不但能提高你的生产力，也能让你真正地享受人生。

　　第一个领域：家庭与天伦。你需要通过组织好自己的工作而把节省下的一部分精力投入家庭中，让你的家庭生活更有质量。你需要安排时间用心与家人相处，维护良好的家庭关系，就像在工作中关心团队成员那样，你也应该好好照顾家人。在家庭与天伦这个领域，1～10 分，你打几分？如果要达到 10 分，你需要设定的优先顺序是什么呢？

　　第二个领域：事业与理财。目前你的事业进展得如何？你的事业给你带来了怎样的回报？对于个人的理财，你要像监控公司的财务状况一样仔细，你要考虑财务状况对你的职业生涯和最优先目标的影响。在事业与理财这个领域，1～10 分，你打几分？如果要达到 10 分，你需要设定的优先顺序是什么呢？

　　第三个领域：心智与教育。持续不断地学习专业知识和世间通用的知识，每天读一点儿东西，启发自己对一些重要事情的思考。在心智与教育这个领域，1～10 分，你打几分？如果要达到 10 分，你需要设定的优先顺序是什么呢？

　　第四个领域：身体与健康。成功人士懂得照顾自己的身体，他们知道健康的身体有助于产生创意的想法，而且能将压力转化为追求成功的动力。要追求最高的生产力，就要将健康饮食、进行运动、充分休息列为高优先顺序的活动。在身体与健康这个领域，1～10 分，你打几分？

如果要达到 10 分，你需要设定的优先顺序是什么呢？

第五个领域：社交与文化。良好的人际关系会使你的人生更有意义，要广泛结交志同道合的朋友。真正的成功人士懂得如何与人相处，他们会参加一些文化活动，以使自己的人生更加充实。在社交与文化这个领域，1～10 分，你打几分？如果要达到 10 分，你需要设定的优先顺序是什么呢？

第六个领域：精神与道德。你应该专注于自己想成为什么样的人，以及让自己的人生实现什么样的价值。将原本属于你的报酬和祝福分享一部分给其他人。找到超越自我利益的远大目标，投入自己的时间、金钱和影响力。在精神与道德这个领域，1～10 分，你打几分？如果要达到 10 分，你需要设定的优先顺序是什么呢？

与生俱来的潜能赋予你权利和责任，你需要在你人生的各个领域选择目标并设定优先顺序。你可以把你的名字写在平衡轮的中心位置，因为除了你自己，没有人能告诉你什么目标最适合你，也没有人能指定你的优先顺序。在设定目标时，你应该考虑自己的行动对其他人的影响。例如，成功的人在做决策的时候会考虑到家人的需要。当你设定了目标、列出了优先顺序时，就能充分发挥自己的优势和潜能，也不会因为别人的想法和做法而受到干扰。长此以往，你就能实现自己的圆满人生。

最适合被培养为干将的员工

管理者一般会有一个美好的愿景，就是希望把每个员工都带成干将。但事实上，并不是每个员工都能被带成干将。有些员工是因为能力有所欠缺，而有些员工则是因为自己并没有成为干将的意愿。所以，为了让管理者在培养员工时更高效，挑选出合适的人就显得非常重要。

管理者该如何挑选要培养的员工呢？在教练领域，艾伦·范恩根据被指导者的意愿和意识建立了一个模型：纵坐标是被指导者的参与意愿，横坐标是被指导者对问题的意识程度。[○]根据被指导者的参与意愿高低，以及对问题的意识程度的高低，可以把该模型分成 4 个象限。这一模型也适用于挑选有潜力的员工。

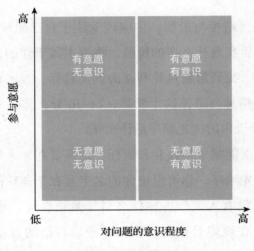

能力意愿度模型

位于第一象限的是有意愿有意识的被指导者，他们有改变的意愿，同时还意识到了自己的问题。这些人是最合适的教练对象，和这些人开展教练式对话往往是由被指导者主导。

任何一个教练都无法改变不愿意改变的人，全球高管教练第一人马歇尔·戈德史密斯曾说过："教练的成果主要取决于客户的真诚意愿和全力投入，我从不为那些没有改变动力的管理者提供教练服务，实践证明，客户的准备度在很大程度上决定了教练效果。"有一个出自心理学的玩笑也说明了这一点，有人问心理学家："改变一块木头需要多少名心理学

○ 范恩，梅里尔. 潜力量：GROW 教练模型帮你激发潜能 [M]. 王明伟，译. 北京：机械工业出版社，2015.

家？"答案是："一名就够了，但前提是木头必须想要改变！"

　　最适合被培养成为干将的员工也位于这一象限，他们有强大的自我成长意愿，清楚自己的短板在哪里，并且希望在职场中取得出色的业绩。对于这类员工，管理者只需要使用正确的方法，就能够取得事半功倍的效果。所以管理者在挑选目标员工时，最好是挑选有意愿且有意识的员工，这也是一名员工能被培养成干将的基础前提。

　　在这个四象限图中，其他 3 个领域分别是有意愿无意识、无意愿有意识和无意愿无意识。和这三类人开展的教练式对话，我们称之为参与型对话，它的目的是帮助被指导者意识到问题并愿意解决问题，因为只有被指导者愿意参与其中才可能有突破。参与型对话对被指导者来说是非常重要而且很有益的，但往往也有很大的难度，因为这种对话常常被拖延或被忽略。

　　位于另外三个象限的员工可能不是培养为得力干将的最佳人选，因为让他们意识到问题以及有意愿改变是有难度的，这会加大管理者的工作量，但管理者依然可以通过教练的方式引导位于这三个象限的员工成长。

　　当员工不愿意改变或没有意识到问题时，作为管理者要负责安排整个对话，要努力把员工从所在地带到组织希望他去的目的地，通过策略性的对话，让员工愿意参与到解决问题的过程中。除非员工做到了这一点，否则管理者就是一直推动对话的主导者，在这种情况下，管理者是比较辛苦的。

　　如何判断员工位于哪个象限？有意愿改变的人往往有以下特点：

1. 乐于学习，愿意接受新的观点，愿意尝试新的想法。
2. 对改变持开放态度，相信改变是不可避免的。
3. 能够反思和承认错误。

4. 抱着好奇和谦虚的心态去倾听他人的意见。

5. 关注未来（向前看），而不是关注过去（向后看）。

6. 能够根据需要及时地调整自己的行为方式，也就是说比较有弹性，是灵活的。

7. 拥有个人的梦想和使命。

此外，如果一个人能够意识到自己的问题，那他就是容易被教练的。在一些特定的场景下，人们更容易意识到自己的问题所在，例如：

1. 即将被晋升，但是缺乏管理经验。

2. 调任新的部门工作，缺乏对新环境的了解。

3. 面对崭新的始料未及的挑战，需要展现新的行为。

4. 工作行为和风格与角色不匹配，导致不能实现目标。

5. 必须同时具备社交能力和技术专长，才能在职业生涯中获得成功，也就是说对他的要求变高了。

6. 需要对未来的职业发展做出规划。

7. 组织发生变革，需要文化、价值观和做事方式的融合。

8. 接受了一项新的任务，但不知如何开展。

愿意改变的人是由内而外改变，即内在是愿意改变的，而意识到问题存在的人往往是因为所处环境发生变化。在这样的背景下，最适合教练的对象就是有意愿有意识的人，其次是有意愿无意识的人，再次是无意愿有意识的人，最后是无意愿无意识的人。企业教练的工作时间是有成本的，一定要把时间放在最有价值的人和事物上，针对不容易被教练的对象，可以先放下或者采取非教练式的其他管理模式。

◆ 小结

1. SMART 目标框架与提问法

教练式的提问与对话都是以结果为导向的，所以教练的第一步需要帮助对方理清目标，如果目标错了，所有的努力都将白费。

为衡量一个目标是否清晰有效，我们使用 SMART 目标框架来界定目标。SMART 是 5 个英文单词的首字母缩写：Specific（具体的）、Measurable（可衡量的）、Achievable（可达成的）、Rewarding（有价值的）、Time Bound（有时限的）。

Specific 目标必须具体。不具体的目标只是想法而已。

Measurable 目标必须可衡量。目标需要有一个衡量的标准和一个实现的标志，比如，达成目标的标志是什么？

Achievable 目标必须在可控范围内。目标不能超过能力和职权范围，必须是通过努力可以实现的。

Rewarding 目标必须有价值。想要实现的目标，无论是对自身还是对他人都要有意义。

Time Bound 目标必须有时限。目标一定要有一个完成的时间，没有限定时间的目标将一直拖下去，而且月度目标和年度目标采取的计划与行动也是不同的。

2. GROW 流程

GROW 流程的第一步是聚焦目标。教练以结果为导向，先聚焦目标再了解现状，由此展开高效的对话。

在聚焦目标后需要了解现状。所谓的现状是指和目标相关的当前的状况，如果在了解现状的时候发现情况与当初的设想有所不同，就可以对目标进行调整。

在目标清晰、现状明确后，就进入行动方案探索阶段，此时需要扩大思考领域，并制订出翔实且落地的行动计划。探索行动方案时，不要急于马上就能找到正确的答案，而是要想出尽可能多的可供选择的方案。

进入强化意愿的阶段，教练可以让被指导者总结对话的全过程并依照计划行动。教练也可以让被指导者提出目标达成后的自我激励方法，以此激发被指导者的动力。

3. 最适合被培养为干将的员工

在教练领域，艾伦·范恩根据被指导者的意愿和意识建立了一个模型：纵坐标是被指导者的参与意愿，横坐标是被指导者对问题的意识程度。根据被指导者的参与意愿高低以及对问题的意识程度的高低，可以把被指导者分成 4 个象限。这一模型也适用于挑选有潜力的员工。

位于第一象限的是有意愿有意识的被指导者，他们有改变的意愿，同时还意识到了自己的问题。这些人是最合适的教练对象，也是最适合被培养为干将的员工，和这些人开展教练式对话往往是由被指导者主导。

CHAPTER7
第七章

行动教练实践应用案例

　　行动教练的课程已经在全国范围内得到了广泛的实践，帮助很多企业解决了管理方面的难题。这一章我们挑选了一些企业真实发生的案例，来帮助你更好地理解行动教练的应用。这些案例都是在企业中经常发生的事，管理者可以学习并借鉴一些方法，但切记不要生搬硬套，因为每个问题都有其发生的背景和特殊性。

指标高压力大，如何帮助员工制定规划

案例描述

案例主人公：

教练：肖总监，部门总监。

员工：小孙，运营组组长。

背景信息：

在新的一年，部门已明确了新的目标，面对新挑战，运营组组长小孙压力很大，他对如何分解形成小组目标并制订规划有些迷茫。肖总监一直在思考如何引导小孙主动思考，相应地分解目标并形成小组目标，厘清关键要素，制订执行方案并保障落实。

教练的过程：

肖总监："部门 2019 年的工作计划已经明确，运营组去年做得不错，今年有什么计划呢？"

小　孙："对于今年 2000 万元的指标，小组压力还是很大的。近期小组也讨论过，对于保障目标实现的举措有些担心。所以，我希望小组能明确量化的指标，来帮助部门完成目标。"

肖总监："这个确实很重要，需要尽快明确分解指标和重点工作规划，你有计划时间点吗？"

小　孙："1 月 8 日前完成。"

肖总监："所以，你是希望针对部门今年的目标，形成本组的分解目标，并形成工作计划来保障目标的完成。你要在 1 月 8 日前完成指标分解和工作计划，并在 2019 年 12 月 31 日完成这一指标来保障部门实现 2000 万元的目标，对吗？"

小　孙："对的。"

肖总监："那么你认为当前针对部门 2000 万元的目标，运营组的主要影响因素有哪些呢？"

小　孙："获取新用户，提升用户的使用次数。"

肖总监："那么对应的是哪些指标呢？"

小　孙："新客 UV（独立访客）、老客 UV 和转化率。"

肖总监："现在它们的值是多少呢？"

小　孙："20 万人，28 万人，21%。"

肖总监："2019 年需要达到多少才能保障 2000 万元的目标完成呢？"

小　孙："32 万人，47 万人，30%。"

肖总监："很清晰。那么相应的实现举措有哪些呢？"

小　孙："我打算做这样几件事……"（为保护案例方商业内容，具体举措省略）

肖总监："好的，基于以上指标需要明确形成相应的重点举措，并排期落实。对于以上指标，你都能促进它们的达成吗？"

小　孙："可以的。"

肖总监："很好，你的思路很清晰，那么你需要哪些支持呢？"

小　孙："需要产品组、市场组和数据组的协同。"

肖总监："好的，我们各组都会分解好自己的指标，协同保障部门目标的完成。那么会谈结束后，你的下一步行动是什么？"

小　孙："我会在 1 月 8 日前出具运营组目标分解落实表，并尽快推动组内成员和各组一起加快落地。"

肖总监："非常好，对于今天的会谈，你有什么收获呢？"

小　孙："通过这次会谈，我已经明晰了大致的分解方向和要点，相信有了这个目标分解落实表后，我们应该可以达成目标。"

肖总监："很棒！如果完成了这个目标，你计划怎么奖励自己呢？"

小　孙："请假一周，出去放松一下。"

肖总监："哈哈，是可以好好放松一下，出去旅游肯定很惬意。不过，万一没实现，是不是给自己一点儿小惩罚呢？"

小　孙："那就和运营组成员一起跑马拉松。"

肖总监："好的，相信这个方案确定后，大家经过努力一定可以实现目标，加油！那么，1月8日我们再确定一下具体的目标分解落实表？"

小　孙："好的。"

观察反馈：

通过 GROW 模型，肖总监引导小孙主动思考，并形成方案来保障目标达成：1月8日前完成指标分解和工作计划，并在 2019 年 12 月 31 日完成这一指标来保障部门实现 2000 万元的目标。

员工有离职意向，如何找到症结

案例描述

案例主人公：

教练：李明，人力资源部，招聘 COE（HR 领域的专家）。

员工：韩梅，工作了近 3 年的部门外包员工。

背景信息：

韩梅是一位工作了近 3 年的部门外包员工，从事助理、辅助类工作较多，觉得工作内容过于基础，想在明年跳槽。李明也知道，韩梅的工作能力和工作积极性都不错，但是由于用工形式限制了其职业发展，薪资方面和自有员工相比有劣势。

教练的过程：

李明与韩梅沟通，准备把她列为今年外包转自有名额的时候，韩梅反馈了明年有跳槽的打算。

李明："如果你明年开始求职，什么样的岗位是你求职的方向？"

韩梅："员工关系，或者SSC（人事关系）专员。"

李明："你觉得你有足够的工作经验支撑你胜任这个岗位吗？"

韩梅："我感觉现在从事的工作相对基础，虽然接触过这两个板块，但是都是辅助类工作，并不深入，我也很担心能不能找到理想的工作。"

李明："我们公司有哪一点是你觉得最不能忍受的，想离开我们公司这个环境？"

韩梅："实在忍受不了的是没有的，但是因为我是外包员工，一直是做助理、辅助类的工作，对我来说晋升很困难，让我独立负责一个板块的工作更是难上加难。我权衡一下自己的职业发展，想知道自己换一个环境是不是能有新的机会。"

李明："如果我这次推荐你外包转自有成功了，你成为我们的自有员工了，你觉得怎么样？"

韩梅："我们公司对于外包转自有的要求很严苛，我有点儿担心自己达不到标准。但如果我成为自有员工，我感觉我的职业生涯往前迈进了一步，我也很愿意继续在公司工作。事实上，我觉得我们公司比大部分外面的公司都要强。"

李明："从我们刚才的谈话来看，你其实对我们公司没有太多意见，甚至还觉得公司不错。你只是觉得自己外包、助理的身份会影响职业发展，所以有比较模糊的跳槽打算，但是跳槽也只是换个环境找寻机会，并不确定比现在状态好，对吧？"

韩梅："是这样的。"

李明："如果我推荐你外包转自有成功了，哪怕不是今年，而是明年，你还会选择在我们公司干吗？"

韩梅："当然了，我很喜欢我们公司。"

观察反馈：

韩梅从一开始闪烁其词，内心动摇，到最后李明和韩梅确认了症结所在，让韩梅再次燃起了工作的动力。

员工对个人目标感到迷茫，该如何开导

案例描述

案例主人公：

教练：蒋总监，信息技术部。

员工：小周，新入职半年的应届毕业生。

背景信息：

技术团队近期评优，小周发现同届的员工都没有被评为优秀，所以他对一个应届毕业生做到哪种程度算是优秀员工，比较疑惑和迷茫。

教练的过程：

小　周："我来公司半年多了，但还是有些迷茫。和我一起来的张飞，除了工作还参加培训和小组活动，但他也没被评为优秀，所以我想不清楚，应届生怎么算优秀？"

蒋总监："我们先不说张飞是不是优秀，你是怎么理解优秀的？你心目中的优秀员工是什么样的？"

小　周："我也不知道，但我认为组长给我安排的所有工作我都努力做完了，该加班的加班，保证按时完成任务。只是有时候我设计的方案，组长认为有不合理的地方会让我整改。"

蒋总监："近期的工作确实比较忙，我看你好几次周末都在公司加班赶进度，确实很辛苦，并且上线工单质量也很高。但这与优秀还有点儿距离。"

小　周："什么距离？"

蒋总监："我们以王明为例，你觉得他优秀吗？"

小　周："挺优秀的。"

蒋总监："你觉得他优秀在哪里？"

小　周："在他身上我看到了自己不具备的能力，首先，他业务能力很强，一般我有问题都会第一时间跟他沟通确认。其次，他设计的方案有全局观，很多地方是我考虑不到的。最后，他在重点任务上的决策能力比较强。"

蒋总监："那你现在知道优秀员工是什么样的了吗？"

小　周："嗯，看来我离优秀员工还有一定的距离。"

蒋总监："既然看到了问题，你打算怎么做呢？"

小　周："我打算从第一业务部入手，深入了解相关的业务，从业务入口到程序设计，都深入了解一下。"

蒋总监："很好，那你希望达到什么程度？"

小　周："至少在小模块和业务上可以独当一面，设计和编码能力同步提升。"

蒋总监："看来你对自己的目标已经很清楚了，有信心做到吗？"

小　周："有信心！"

蒋总监："好，既然有信心，你打算什么时间达到这种程度？"

小　周："我打算用一个月时间。"

蒋总监："能具体到某一天吗？"

小　周："1 月 31 日吧。"

蒋总监："这也算向优秀看齐的第一步。如果达成目标，你打算怎么奖励你自己？如果没达成，你是否有惩罚措施？"

小　周："如果达成了，我就在假期里好好休息一下。如果没达成，我在团队中做总结。"

蒋总监："不错嘛，下了很大的决心，加油！"

观察反馈：

蒋总监通过与小周进行交流，帮助小周认识到了能力差距、找到了解决问题的思路、树立了信心。

如何让态度消极的员工积极参与合作

案例描述

案例主人公：

教练：樊总监，信息技术部主任工程师。

员工：小吴，资深经理。

背景信息：

因近期组织结构要进行调整，小吴觉得工作职责不清晰，对未来感到迷茫，所以在某项任务中没有合作精神，工作进度比较慢。小吴工作能力比较强，只是因为对接下来的组织结构调整比较迷茫，所以态度有点儿消极。

教练的过程：

小　吴："这是我做好的方案，请审阅。"

樊总监："我看了你做的方案了，除了你提到的方案，对于会议上王老师提的方案，你怎么看？"

小　吴："我觉得目前我的方案是最简洁的，王老师的方案不用也罢。"

樊总监："你觉得我们目前面临的外部环境如何？"

小　吴："按照我知道的情况，这次的政策对我们有很大的影响。"

樊总监："嗯，你对当前情况的判断还是很准确的，看来你没少关注工作之外的大环境，这一点你做得非常好。你跟我说说你的方案和王老师的方案的优劣吧。"

小 吴："我的方案是以 2.0 的架构来实现的，但这种架构不升级的话不知道未来能支撑多久。王老师的方案是兼具现有的架构及 3.0 的架构，有一点儿烦琐，但可能更具持久性和延续性，对未来的割接也会更适用。"

樊总监："那你站得高点，考虑一下我们 2019 年后的整体规划，你觉得采用哪种方案更合适呢？"

小 吴："我觉得用王老师的方案可能更合适吧。"

樊总监："为什么？"

小 吴："其实不应该太短视当前的工作，王老师的方案虽然繁复了一些，但也因为这样，可以把原先封闭的系统改为与开放的系统进行合作。"

樊总监："还有呢？"

小 吴："暂时只想到这些。"

樊总监："那你最终会考虑哪种方案来实现呢？"

小 吴："王老师的方案。"

樊总监："这样就清晰了。你大概需要多久能完成王老师方案的设计和评估？"

小 吴："周五之前吧。"

樊总监："非常好！那我们周五下班前再过一遍。"

小 吴："好的。"

观察反馈：

在谈话的一开始，小吴是有点儿抗拒王老师的方案的，但是樊总监通过一系列的提问，让小吴站在更高的点上来判断，小吴开始逐渐打开心扉，愿意以合作的精神去思考问题。

如何帮助员工明确个人发展目标

案例描述

案例主人公：

教练：骆经理，征信公司产品经理。

员工：小郑。

背景信息：

年底，骆经理和员工进行谈话，沟通有关员工个人发展目标的问题。

教练的过程：

骆经理："你对明年的工作内容有什么想法吗？"

小　郑："我希望继续提升作为平台型 B 端产品经理的工作技能。"

骆经理："你说的工作技能具体是指什么？"

小　郑："一是作为平台型产品经理，可以根据外部提出的功能要求来完成相应的产品流程和原型设计工作；二是作为 B 端产品经理，具备与 B 端用户交流、提炼用户需求和提出解决方案的能力。"

骆经理："听起来你是想要具备平台型产品的设计能力，并且能够根据 B 端用户的需求提出相应的解决方案，是吗？"

小　郑："是的。"

骆经理："那就这两个方面而言，你最想提升的是哪个呢？"

小　郑："最想提升第二个方面的工作技能，因为今年的主要工作都是做与平台设计相关的内容，工作技能已经比较熟练了，但是几乎没有接触过终端用户，也没有进行过解决方案的设计。"

骆经理："如果用 1～10 分来衡量你作为 B 端产品经理的能力水平，10 分是最理想的状态，你想达到几分？"

小　郑："8 分左右吧。"

骆经理："如果达到 8 分，你觉得自己会达到什么状态？"

小郑："如果达到 8 分，我就觉得我能够和 B 端客户顺畅地沟通，可以了解并分析他们的需求，最终向客户提供满意的解决方案。当然，过程中可能会有返工，但最终我一定能够给出符合要求的方案。"

骆经理："达到这个目标对你个人有什么价值？"

小　郑："主要是提升我的工作能力，不仅能够在后台做平台设计，还可以到前端解决用户实际需求。"

骆经理："还有呢？"

小　郑："还有就是更多地了解市场吧。"

骆经理："你觉得你需要用多长时间达到 8 分的状态？"

小　郑："一年的时间吧。"

骆经理："所以你是想用一年时间提升你 B 端产品经理的工作技能，可以顺畅地与 B 端客户沟通，能分析出客户的实际需求并提供解决方案，是吗？"

小　郑："是的。"

观察反馈：

小郑新一年的目标包含两个方面，通过骆经理的几个问题，小郑更加明确自己最想要的发展目标及规划了。

如何让有冲劲的员工得到有效的产出

案例描述

案例主人公：

教练：汪经理，信息技术部产品经理。

员工：小冯。

背景信息：

员工小冯做事情一直都很有冲劲，但方向性不明。汪经理希望小冯能把冲劲用在对公司有价值的产出上。

教练的过程：

汪经理："新的一年到了，你在业务上有什么想法吗？"

小　冯："因为技术部打算成立金融科技公司，所以我计划设计一个对外系统。"

汪经理："对外系统具体是指什么？"

小　冯："就是替商户完成支付对接的开发系统，它提供一整套系统。"

汪经理："这个系统可以满足商户哪些需求呢？"

小　冯："可以减少开发商户的工作量，使商户可以更快地接入支付系统、得到更好的使用体验。"

汪经理："如果 10 分是理想状态，你希望能达到几分？"

小　冯："9 分吧。"

汪经理："如果达到 9 分的话会有什么效果？"

小　冯："99.9% 的商户接入系统时可以不用改造代码。"

汪经理："那通过你的努力可以影响目标的实现吗？"

小　冯："当然可以。"

汪经理："你觉得实现这个目标对你有什么价值？"

小　冯："可以提升我对系统的理解能力，同时也提升我的个人技能。"

汪经理："你想在什么时候达成这个目标？"

小　冯："12 月 31 日前吧。"

汪经理："所以你希望在 2019 年 12 月 31 日前完成商户前置系统的设计与开发，并能满足 99.9% 的商户的需求，是吗？"

小　冯："是的。"

汪经理："针对你的这个目标，现在是什么情况？"

小　冯："现在还没有系统，还在设计中。"

汪经理："你觉得造成现状和目标存在差距的原因是什么？"

小　冯："因为人手不足，而且我的经验和技能也不够丰富。"

汪经理："除了这些呢？"

小　冯："可能还需要得到有经验的人的指导。"

汪经理："你觉得其中你可以影响的因素有哪些？"

小　冯："个人能力方面。"

汪经理："针对个人能力，有哪些资源可以支持你实现目标呢？"

小　冯："获得经验丰富的人的指导，以及更多的研发人手。"

汪经理："你打算如何行动？"

小　冯："我打算调研更多的竞品，并咨询业内资深专家。"

汪经理："做到以上几点，你觉得可以达成目标吗？"

小　冯："我觉得可以。"

汪经理："今天谈话结束后，你的第一步具体行动是什么？"

小　冯："我打算在春节前先出一份设计初稿。"

汪经理："通过今天的谈话，你有什么样的收获？"

小　冯："我对未来的工作规划得更清晰、更具体了。"

汪经理："目标达成后，你会如何奖励你自己呢？"

小　冯："我会奖励自己一次旅行。"

汪经理："非常好，那么下周五我们再沟通一下进度，可以吗？"

小　冯："好的。"

观察反馈：

小冯有自己的目标，但是一直没有落实到具体的行动上，处于纸上谈兵的状态。通过汪经理的提问，小冯清楚了自己的现状与目标之间的差距，并明确了接下来应该采取的具体措施。

APPENDIX
附录

实践表格

深度倾听实践

深度倾听实践表

具体情况	日期	___年___月___日	姓名	
倾听事件				
倾听的表现	肢体语言			
	回放			
	确认			
对方的反应				
我的感受				
具体情况	日期	___年___月___日	姓名	
倾听事件				
倾听的表现	肢体语言			
	回放			
	确认			
对方的反应				
我的感受				
具体情况	日期	___年___月___日	姓名	
倾听事件				
倾听的表现	肢体语言			
	回放			
	确认			
对方的反应				
我的感受				

有力提问实践

有力提问实践表格

具体情况	日期	___年___月___日	姓名	
提问事件				
提问的内容	开放式			
	如何式			
	未来导向型			
对方的反应				
我的感受				
具体情况	**日期**	**___年___月___日**	**姓名**	
提问事件				
提问的内容	开放式			
	如何式			
	未来导向型			
对方的反应				
我的感受				
具体情况	**日期**	**___年___月___日**	**姓名**	
提问事件				
提问的内容	开放式			
	如何式			
	未来导向型			
对方的反应				

积极性反馈实践

积极性反馈实践表

具体情况	日期	___年___月___日	姓名	
反馈事件				
表达的内容	B（具体的行为）			
	I（行为的积极影响）			
	A（表示感谢和欣赏）			
对方的反应				
我的感受				
具体情况	日期	___年___月___日	姓名	
反馈事件				
表达的内容	B（具体的行为）			
	I（行为的积极影响）			
	A（表示感谢和欣赏）			
对方的反应				
我的感受				
具体情况	日期	___年___月___日	姓名	
反馈事件				
表达的内容	B（具体的行为）			
	I（行为的积极影响）			
	A（表示感谢和欣赏）			
对方的反应				
我的感受				

发展性反馈实践

发展性反馈实践表

具体情况	日期	____年____月____日	姓名	
反馈事件				
表达的内容	B（具体的行为）			
	I（行为的负面影响）			
	D（具体表达对今后的期待的行动/结果）			
对方的反应				
我的感受				

具体情况	日期	____年____月____日	姓名	
反馈事件				
表达的内容	B（具体的行为）			
	I（行为的负面影响）			
	D（具体表达对今后的期待的行动/结果）			
对方的反应				
我的感受				

具体情况	日期	____年____月____日	姓名	
反馈事件				
表达的内容	B（具体的行为）			
	I（行为的负面影响）			
	D（具体表达对今后的期待的行动/结果）			
对方的反应				
我的感受				

SMART 目标框架实践

SMART 目标框架实践表

具体情况	日期	___年___月___日	姓名	
提问事件				
SMART 目标				
对方的反应				
我的感受				
具体情况	日期	___年___月___日	姓名	
提问事件				
SMART 目标				
对方的反应				
我的感受				
具体情况	日期	___年___月___日	姓名	
提问事件				
SMART 目标				
对方的反应				
我的感受				

后　记

　　亲爱的读者，感谢你阅读本书。它不仅可以作为管理者的工具书，也可以作为教练的入门书籍，支持你踏上教练之旅。一旦你掌握了教练技术并付诸行动，你至少可以经历以下三方面的变化：

　　首先，管理变得更有效了。你激发了下属的工作意愿，提升了下属的工作能力，从而支持他们的成长，让他们获得了成就感。同时，你告别了"忙""茫""盲"的困境，让时间和精力回归到自己应该做的事务上，为组织做出更大的贡献。在教练式管理的过程中，你与下属之间进一步加深了信任，合作关系也将更加紧密。

　　其次，生活变得更轻松了。教练技术同样可以运用在生活中。你深度倾听，因而理解了家人情绪背后的需要；你有力提问，因而激发了家人，特别是孩子的思考，事半功倍地进行教育；你有效反馈，让家中充满了欣赏与赞美的氛围，同时彼此能够心平气和地接受对方的观察。于是，亲密关系和亲子关系都得到了进一步强化。

　　最后，你变得更快乐了。成为教练型管理者是一个持续成长的历程，你的重心将转向"如何支持他人成功"，在成就他人的同时也成就了自己。那是一种由内而外的快乐，那时你将发现自己常带微笑、身心愉悦。

　　人因梦想而伟大，因学习而改变，更因行动而成功。希望我们能够在成长的道路上，彼此支持，共同进步！

参考文献

[1] 卢森堡 . 非暴力沟通 [M]. 阮胤华，译 . 北京：华夏出版社，2009.

[2] 惠特默 . 高绩效教练 [M]. 林菲，徐中，译 . 北京：机械工业出版社，2013.

[3] 柯维 . 高效能人士的七个习惯 [M]. 高新勇，等译 . 北京：中国青年出版社，
    2008.

[4] UNDERHILL B O，等 . 以成果为导向的高管教练：培养组织领导者的终极指南
    [M]. 吴侃，译 . 上海：上海交通大学出版社，2010.

[5] 科普曼斯 . 反馈：掌握给予和接收反馈的艺术 [M]. 思腾中国，译 . 北京：气象
    出版社，2009.

[6] 加尔韦 . 身心合一的奇迹力量 [M]. 于娟娟，译 . 北京：华夏出版社，2013.

[7] 范恩，梅里尔 . 潜力量：GROW 教练模型帮你激发潜能 [M]. 王明伟，译 . 北京：
    机械工业出版社，2015.

[8] 白金汉，科夫曼 . 首先，打破一切常规 [M]. 鲍世修，等译 . 北京：中国青年出
    版社，2002.

[9] 德鲁克 . 卓有成效的管理者 [M]. 许是祥，译 . 北京：机械工业出版社，2005.

[10] 布兰查德，约翰逊 . 一分钟经理人遇见猴子 [M]. 周晶，译 . 海口：南海出版社，
    2004.

[11] 亚当斯 . 改变提问，改变人生（原书第 2 版）[M]. 秦瑛，译 . 北京：机械工业
    出版社，2014.

[12] 雷克汉姆 . 销售巨人 [M]. 石晓军，译 . 北京：中华工商联合出版社，2010.

[13] 施瓦茨 . 专业引导技巧实践指导 [M]. 刘滨，等译 . 北京：电子工业出版社，
    2016.

[14] 德鲁克，赫塞尔本，库尔 . 德鲁克经典五问：历久弥新的领导智慧 [M]. 鲍栋，
    刘青龙，译 . 北京：机械工业出版社，2016.

[15] 德鲁克 . 管理的实践 [M]. 齐若兰，译 . 北京：机械工业出版社，2006.

[16] 迪尔茨 . 从教练到唤醒者 [M]. 黄学焦，等译 . 郑州：河南人民出版社，2009.

[17] 阿特金森，切尔斯 . 被赋能的高效对话 [M]. 杨兰，译 . 北京：华夏出版社，
    2015.

[18] 马奎特 . 你会问问题吗 [M]. 扈喜林，译 . 北京：中信出版社，2007.